어린 과학자를 위한

몸 이야기

어린 과학자를 위한
몸 이야기

2005년 4월 30일 초판 발행
2025년 9월 22일 개정판 6쇄 발행

지은이 권오길 | **그린이** 김호민
펴낸이 김기옥 | **펴낸곳** 봄나무 | **아동 본부장** 박재성
편집 한수정 | **디자인** 블루 | **영업** 서지운 | **제작** 김형식 | **지원** 고광현
등록 제313-2004-50호(2004년 2월 25일)
주소 121-839 서울시 마포구 양화로11길13(서교동, 강원빌딩 5층)
전화 (02)325-6694 | **팩스** (02)707-0198
이메일 info@hansmedia.com

도서주문 한즈미디어(주)
주소 121-839 서울시 마포구 양화로 11길13(서교동, 강원빌딩 5층)
전화 (02)707-0337 | **팩스** (02)707-0198

© 권오길, 김호민 2005

ISBN 979-11-5613-145-8 73470

- 이 책 내용의 일부 또는 전부를 사용하려면 반드시 저작권자와 봄나무 양측의 동의를 얻어야 합니다.
- 책값은 뒤표지에 나와 있습니다.
- 이 도서의 국립중앙도서관 출판예정도서목록(CIP)은 서지정보유통지원시스템 홈페이지(http://seoji.nl.go.kr)와 국가 자료종합목록 구축 시스템(http://kolis-net.nl.go.kr)에서 이용하실 수 있습니다.(CIP제어번호 : CIP2020031318)

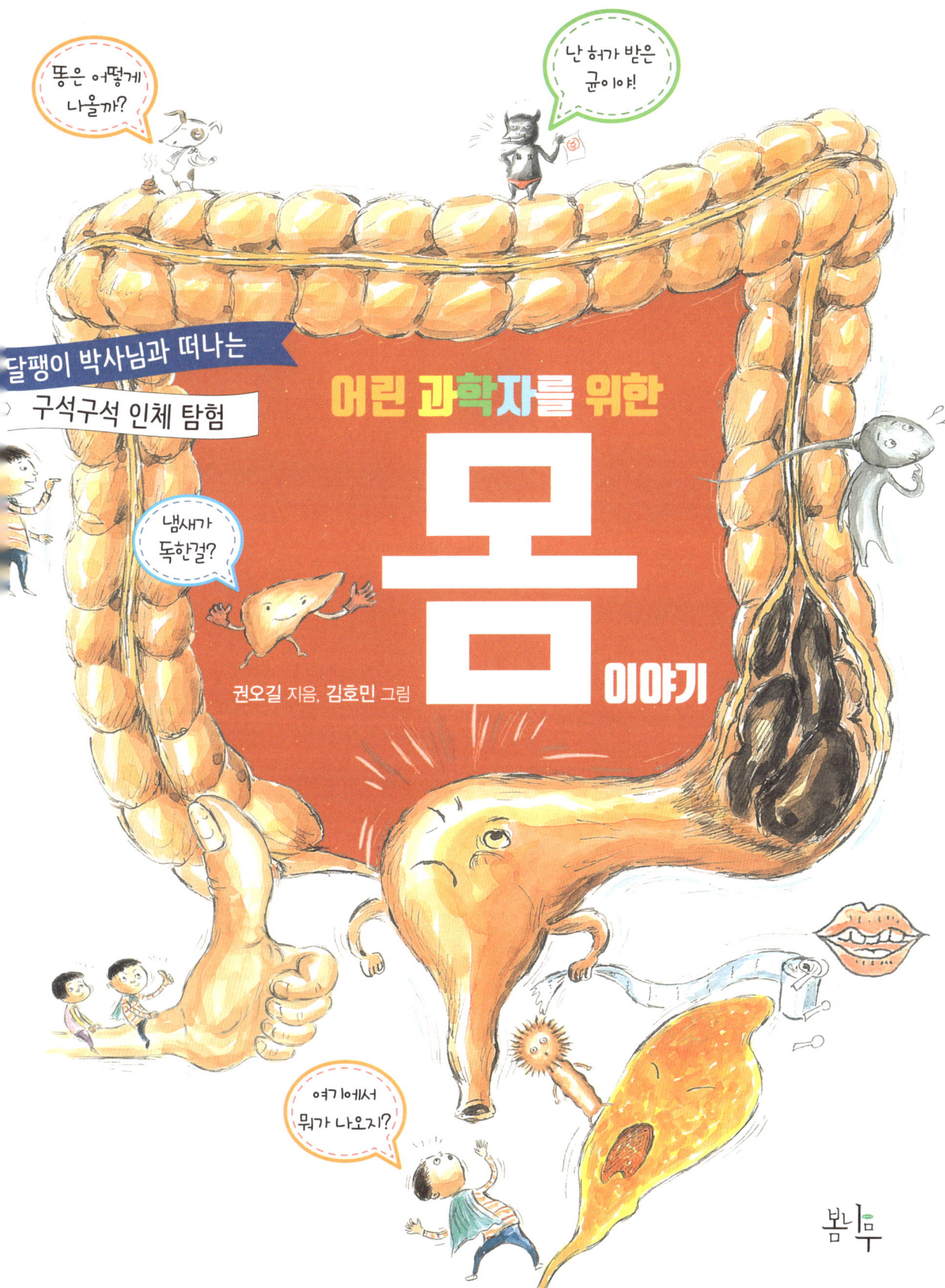

| 머리글 |

내 몸에서 먼저 배우는 과학이
더 실감 나고 재미있지요!

여러분, 무엇보다 내 몸 알기를 게을리하지 말아야 합니다. 어른 아이 할 것 없이 사람에게 가장 중요한 것은 '건강'이거든요. 건강은 건강할 때 지켜야 합니다. 건강을 잃으면 모든 것을 잃은 것이나 다름없으니까요. 그러니 여러분만 할 때부터 내 몸이 어떻게 생겼는지, 어떤 기관이 어디에 있으면서 무슨 일을 하는지 구석구석 알아 가야 한답니다. 그러다 보면 저절로 '과학'이 보이고 과학 하는 힘도 생길 거예요. 세계 어느 나라 사람이건 남보다 한 발 앞서 생각하는 사람은 과학적으로 생각하는 버릇이 몸에 밴 사람들입니다. 그렇다고 해서 과학이란 것이 어디 먼 데 있는 것은 아니랍니다. 내 몸에서 먼저 느끼고 배우는 과학이 더 실감 나고 재미있거든요.

여러분도 잘 아는 것처럼, 우리 몸은 온갖 비밀로 가득 차 있습니다. 수백 년 동안 노력해 온 끝에 많은 비밀이 풀리긴 했지만, 우리 몸에는 미처 풀지 못한 비밀이 얼마든지 있으니까요. 그 가운데 하나가 작은창자(소장) 속에 숨은 비밀입니다. 작은창자는 우리 몸에서 길이가 가장 긴 내장이지요. 그런데 무슨 까닭인지 작은창자에는 '암'이란 것이 없습니다. 위장, 허파, 대장,

하물며 피부까지도 암에 걸리는데, 작은창자에 암이 생겼다는 말은 이제껏 들어 본 일이 없어요. 작은창자에는 과연 어떤 비밀이 숨어 있는 것일까요? 지금까지 아무도 풀지 못한 그 비밀을 우리의 어린 과학자들이 자라 풀어 주길 기대해 봅니다.

나는 달팽이를 연구해 온 생물학자입니다만, 수십 년 동안 '기초 생물학'을 배우고 학생들에게 가르쳐 온 경험으로 이 책을 쓰게 되었습니다. 우리 몸이 얼마나 귀하고 아름다운지 여러분에게도 하고 싶은 말이 많기 때문이에요. 요새는 감기 기운만 조금 있어도 약을 먹고 병원으로 달려가 주사를 맞는다지요? 감기를 일으키는 것은 '바이러스'라서 그것을 잡는 약이란 아예 없는데도 말입니다. 여러분이 건강하고 밝게 자라는 데 이 책이 도움이 되었으면 합니다.

권오길

| 차례 |

머리글　　내 몸에서 먼저 배우는 과학이
　　　　　더 실감 나고 재미있지요!　　　　　4

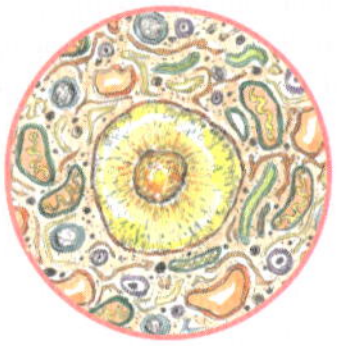

세포는 우주다　　　　　　　　　　　8

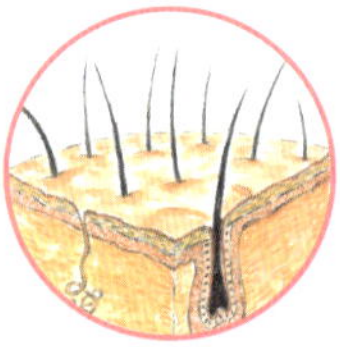

피부도 쉬고 싶다　　　　　　　　　22

근육이 없다면……　　　　　　　　34

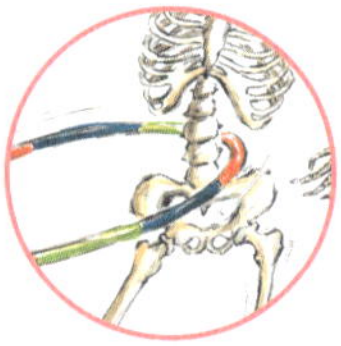

뼈도 살아 있다　　　　　　　　　　46

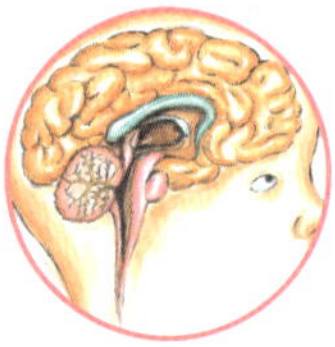

뇌는 비밀투성이　　　　　　　　　58

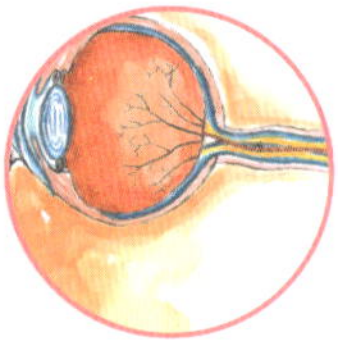

눈도 말을 한다　　　　　　　　　　72

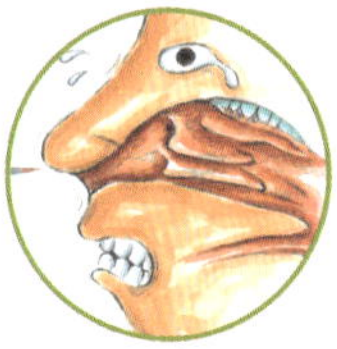

코안에 숨은 과학　　　　　　　　　84

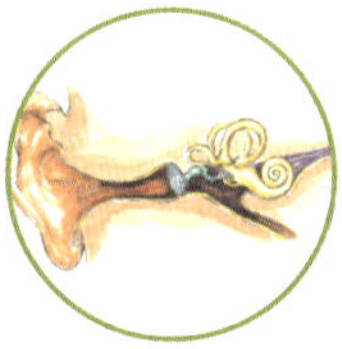

귀는 참 연약해　　　　　　　　　　94

입은 오늘도 바쁘다 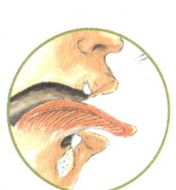 104

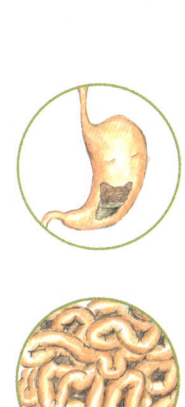 위에도 소화제가 있다 118

간을 다치면 큰일 난다  130

소장도 쉴 틈이 없다 142

대장에는 왜 병이 많을까? 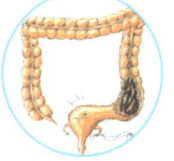 152

심장은 힘이 세다 162

허파는 왜 2개일까? 174

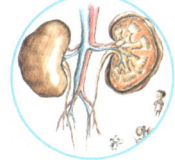 콩팥에는 오줌 공장이 200만 개 186

정자, 난자 이야기 196

세포는 우주다

얼마나 복잡하고 알 수가 없으면 세포를 우주와 같다고 했을까요? 참으로 알 수 없는 비밀의 세계가 바로 세포 속에 있답니다. 우리 몸이 수많은 세포로 되어 있는 것처럼, 세포는 생물체를 이루는 기본 단위가 된다는 점만으로도 무척 중요하지요.

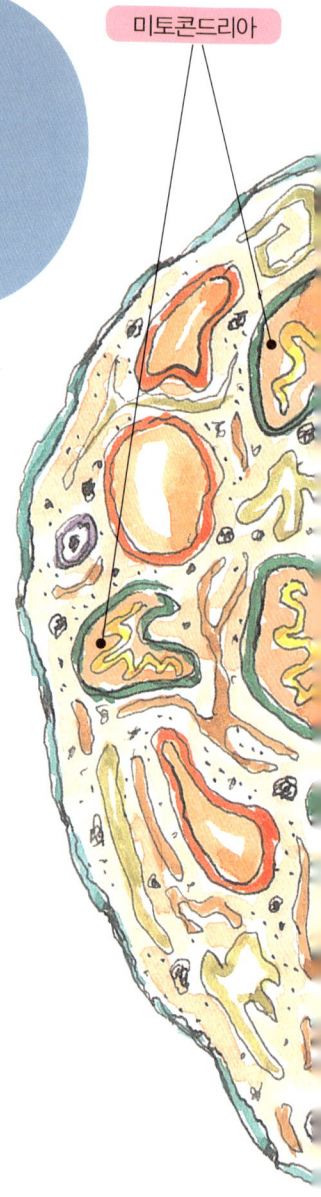

미토콘드리아

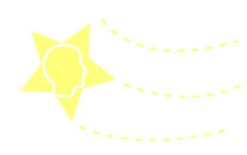

세포도 죽나요?

내 털에도 세포가 많아.

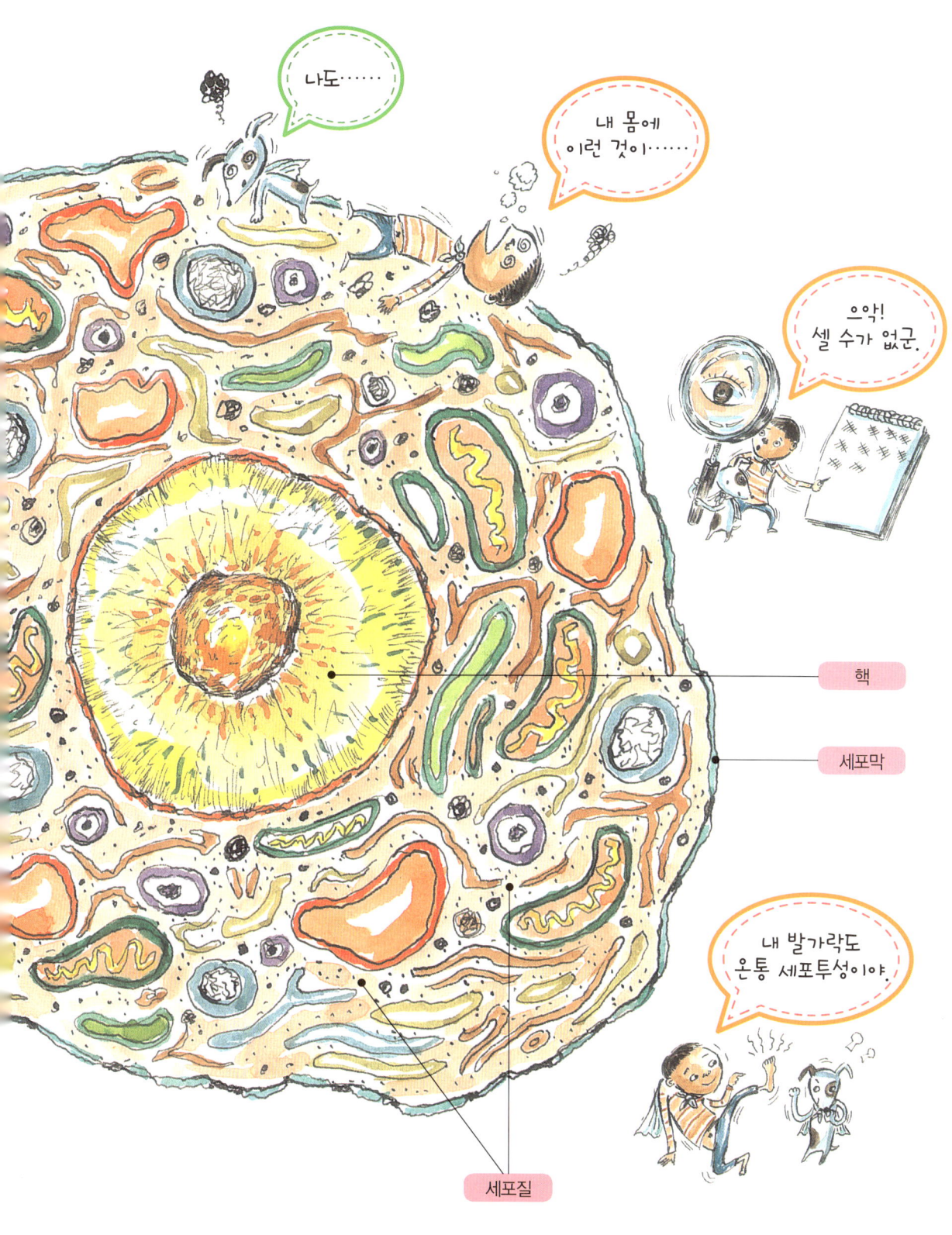

놀라운 세포 나라

자, 여러분. 지금부터 세포들이 만드는 놀라운 세계로 들어갑니다. 그전에 먼저 여러분도 잘 아는 자연 속 친구들을 소개할게요.

까치, 도마뱀, 청개구리, 송사리, 공룡…….

아메바, 짚신벌레…….

소나무, 대나무, 강아지풀, 바랭이, 민들레, 붕어마름…….

개미, 고추잠자리, 무당벌레, 호랑나비…….

푸른곰팡이, 누룩곰팡이, 송이버섯, 표고버섯…….

어때요, 이 친구들은 생긴 모양도 다르고 크기도 모두 다르지요? 물론 사는 곳도 다르고 좋아하는 먹이도 다 다를 것입니다. 그런데 이 친구들에게는 딱 한 가지 같은 점이 있답니다. 그게 뭘까요? 그건 바로 모두가 세포로 되어 있다는 것입니다. 지구에서 살아 움직이는 생물은 무엇이든 세포로 이루어져 있어요.

아주 옛날에는 그런 사실을 몰랐답니다. 왜냐고요?

세포가 너무 작아서 우리 눈에는 보이지 않거든요.

한 줄로

현미경이 처음 만들어지고 난 뒤에 숨어 있던 비밀이 조금씩 풀리기 시작했습니다. 사람은 물론이고 살아 있는 모든 생물은 세포로 이루어져 있다는 것을 알게 된 것이지요.

또 하나 재미있는 사실은 세포의 크기나 생긴 모양도 모두 다르다는 것입니다. 물론 하는 일도 제각각이겠지요. 근육 세포는 근육을 만들고, 뼈세포는 뼈를 만들고, 피부 세포는 피부를 만들고…….

아메바나 짚신벌레 같은 동물은 세포가 딱 1개밖에 없어서 단세포 동물이라고 합니다. 그럼 우리 몸에는 세포가 몇 개쯤 모여 있을까요? 100개? 1,000개? 아니면 10만 개? 너무 놀라지 마세요. 우리 몸은 무려 100조 개가 넘는 세포들이 모여서 몸을 이룬답니다. 이걸 숫자로 써 보면, 자그마치 0이 14개나 붙어서 100,000,000,000,000이 됩니다. 우와, 이게 얼마나 많은 양인지 상상이 되나요?

세포 하나로 된 것 중에는 우리가 눈으로 볼 수 있는 것도

서라고!

넌 뭐냐?

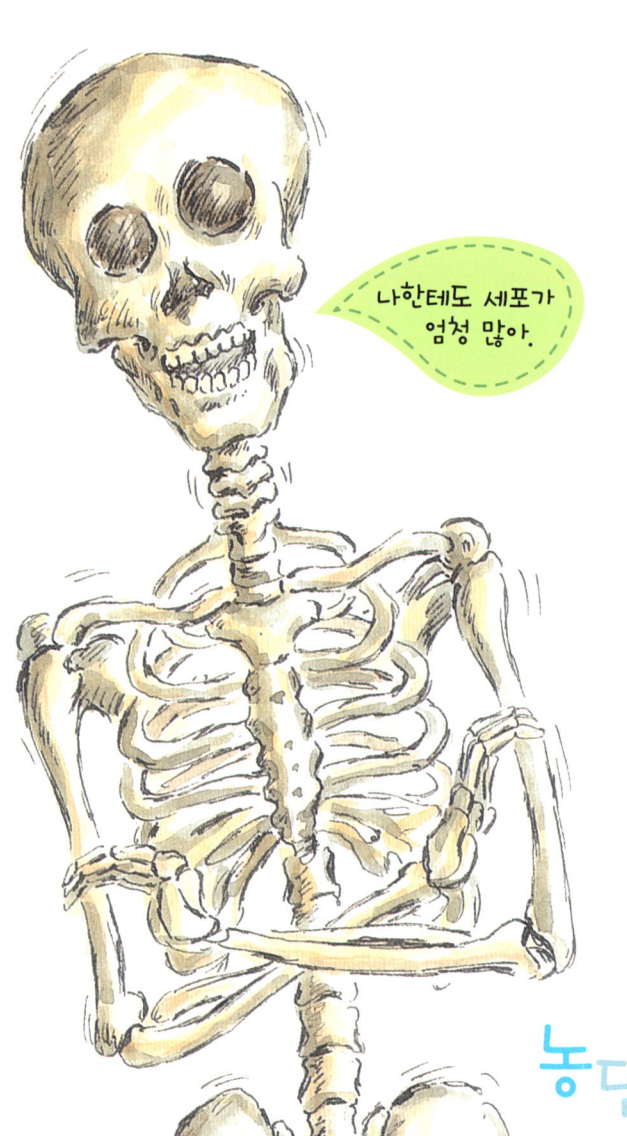

나한테도 세포가 엄청 많아.

있습니다. 뭐가 있을까요?

우리가 늘 먹는 달걀이 세포 하나로 된 것입니다. 이렇게 거대한 세포도 있지만, 거의 대부분의 세포는 눈으로 볼 수 없을 만큼 아주아주 작답니다. 세포라는 말에는 '작은 방'이라는 뜻이 들어 있거든요.

여러분 옆 짝을 살짝 봐요. 뚱뚱한가요? 아니면 좀 마른 편인가요? 한 사람의 몸을 이루는 세포 수는 약 100조 개쯤 된다고 했지요? 자, 여기서 문제 하나 냅니다. 사람의 세포 수는 누구나 똑같을까요?

정답은 "아니오."입니다. 세포 수가 좀 많은 사람도 있고, 다른 사람

농담이지?

보다 좀 적은 사람도 있어요. 어떤 사람이 몸무게가 많이 나간다는 것은 세포 수가 많다는 뜻도 되고 세포가 크다는 뜻도 된답니다. 세포 수가 많지는 않아도 크기가 크면 몸무게가 더 나갈 수도 있다는 뜻이지요. 지금 말하는 세포는 주로 '지방 세포'를 말한다는 것을 꼭 알아 두세요. 지방 세포에 물과 지방이 많아지면 몸집이 커지고 몸무게가 늘게 됩니다. 거꾸로 지방 세포에 물과 지방이 적어지면 몸무게가 줄어드는 거예요.

요새는 어린이들 중에도 몸무게 때문에 고민하는 친구가 많다고 합니다. 여기서 다시 한번 말해 두지만, 몸무게가 늘고 주는 것은 세포가 많고 적은 것보다는 세포에 물과 지방이 얼마나 많이 들었느냐에 달린 거예요.

한 사람에게 한 번 정해진 세포 수는 죽을 때까지 거의 변하지 않는답니다. 열심히 운동을 하거나 적게 먹어서 몸무게를 줄이는 것은 세포를 죽여서 수를 줄이는 것이 절대로 아니에요. 바로 세포에 든 물과 기름을 빼는 것입니다. 그러다가 다시 음식을 많이 먹으면 세포가 팽팽하게 커진답니다. 이렇게 적게 먹으면 몸무게가 줄고, 많이 먹으면 늘어나는 것을 '요요 현상'이라고 해요.

세포는 그 숫자도 엄청나지만, 생긴 모양도 모두 다르고 하는 일도 다르다고 했습니다. 그럼 좀 더 자세히 들여다볼까요?

세포는 우주다!

어느 세포나 세포 둘레를 '세포막'이 싸고 있고, 가운데에 '핵'이 있습니다. 그리고 그 사이는 '세포질'이 빼곡히 들어차 있어요. 이 세포 하나 속에는 우리가 상상조차 못 하는 비밀이 숨어 있습니다.

어떤 세포가 무슨 일을 하는지 아는 것도 있지만, 아직 모르는 것도 얼마든지 있답니다. 우리의 어린 과학자들이 앞으로 해야 할 일이 무척 많아요.

"세포는 우주다."라는 말을 들어 보았나요? 얼마나 복잡하고 알 수가 없으면 우주와 같다고 했을까요? 참으로 알 수 없는 비밀의 세계가 바로 세포 속에 있답니다. 세계의 과학자들은 온갖 노력을 기울인 끝에 세포의 비밀을 조

금씩 밝혀 왔습니다.

우리 몸의 세포들이 저마다 어떤 일을 하는지 몇 가지만 살펴볼까요? 신경 세포와 피부 세포, 근육 세포, 지방 세포, 적혈구 세포, 백혈구 세포부터 알아봅시다.

신경 세포는 실처럼 기다랗게 생긴 데다가 우리 몸에서 가장 긴 세포랍니다. 누가 살갗을 꼬집으면 무척 아프지요? 이렇게 아픔을 느낄 수 있는 것도 바로 이 신경 세포가 뇌로 신호를 보내 주기 때문이에요.

피부 세포는 말할 것도 없이 우리 피부를 만드는 세포입니다. 뒤에 나올 테지만, 피부는 우리 몸을 뜨거운 햇볕과 추위에서 보호해 줍니다.

근육 세포는 근육을 만들어서 우리 몸이 잘 움직일 수 있도록 도와줍니

다. 만약 우리 몸에 근육이 없다면 어떻게 되었을까요?

지방 세포가 하는 일도 아주 많습니다. 무엇보다 날씨가 추워졌을 때 우리 몸을 따뜻하게 해 주는 일을 하지요.

적혈구 세포는 둥그렇게 생겼고, 백혈구 세포는 아메바를 닮아서 세포 모양을 이렇게 저렇게 바꿀 수가 있습니다. 또 적혈구는 핵이 없는데, 백혈구는 핵이 여러 개 있지요. 보통 세포는 제자리에서 일하는데, 적혈구와 백혈구란 녀석은 여기저기 돌아다니면서 일한답니다.

적혈구 세포는 우리 몸을 구석구석 다니면서 산소를 옮겨다 줘요. 백혈구 세포는 몸에 나쁜 병균이 들어오면 제일 먼저 나가서 싸운답니다. 몸을 지키는 군인 같은 구실을 하는 세포예요.

여기서 문제를 또 하나 낼게요. 한 번 생긴 세포들은 영원히 죽지 않고 살아 있을까요?

정답은 "그런 것도 있고, 그렇지 않은 것도 있다."입니다. 우리들 살갗에 있는 상피 세포는 일주일쯤 살면

서 일하다가 죽는데, 죽으면 '때'로 바뀐답니다. 목욕탕에서 살갗을 씻으면 나오는 때 알지요? 방금 이야기한 백혈구는 약 일주일 동안 세균이나 바이러스 따위를 잡아먹은 다음 죽고 말아요. 적혈구는 조금 더 오래 사는데, 약 120일 동안 피에 산소를 나르다가 간이나 지라에서 죽습니다. 똥과 오줌이 누르스름한 빛을 띠고 있는 까닭이 바로 적혈구와 관련되어 있는데, 이건 나중에 이야기할게요.

한 번 태어나서 평생 죽지 않는 세포는 바로 신경 세포와 근육 세포입니다. 이 세포들은 새로 생기지 않고, 어머니 배 속에서 받은 것만으로 평생을 쓰는 거예요. 예를 들어 볼까요? 대뇌에 있는 신경 세포는 나이가 들면서 조금씩 죽는답니다. 새로 생기는 것 없이 줄어들기만 하니까 어떻게 되겠어요? 건망증도 생기고 기억도 희미해지고 그러겠지요?

참, 여러분도 엄마 세포 하나, 아빠 세포 하나가 만나서 태어났답니다. 세포 하나에서 모든 것이 시작되었다는 거죠. 생명 탄생의 과정에 어떤 비밀이 숨어 있는지 궁금하지요? 나중에 나오니까 기대하세요.

세포 이야기는 우주를 이야기하는 것만큼 힘들고 어려운 일이랍니다. 그래도 한 가지 분명한 것은 우리 몸의 세포 하나하나가 건강해야 몸 전체가 건강하다는 거예요.

피부도 쉬고 싶다

피부는 우리 몸을 꼭 감싸고 병균이 몸 안으로 들어오는 것을 막아 줍니다. 피부가 약해지면 병균이 몸 안으로 들어오는 거예요. 또 피부는 우리 몸이 늘 알맞은 온도가 되도록 도와주기도 한답니다. 몸에 열이 있거나 날씨가 더워지면, 피부는 땀을 내서 열을 밖으로 내보내지요.

각질

살갗

지방층(피하 지방)

나도 따뜻하고 안전한 보호막이 필요하다구. 흑!

기운 내.

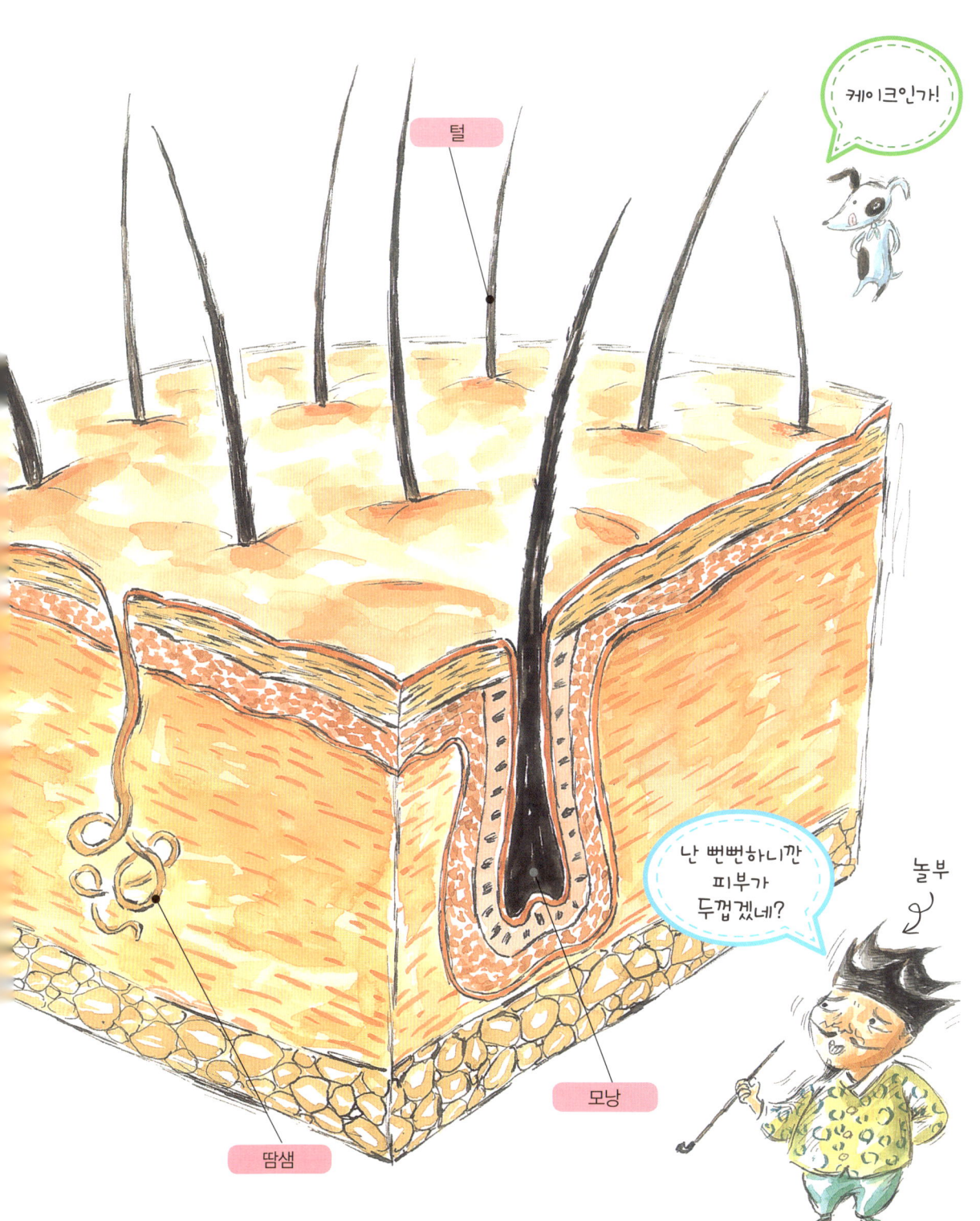

머리카락도 피부다

사람은 누구나 거울을 봅니다. 거울을 보면서 옷매무새도 고치고 멋도 내고 하지요. 그럼 한번 생각해 보세요. 사람은 거울을 보면서 어떤 일에 가장 많은 시간을 쓸까요?

누가 이런 조사를 했는지 모르지만, 사람은 머리나 머리카락을 만지고 가꾸는 데 가장 많은 시간을 쓴답니다. 남자, 여자, 어른, 아이 할 것 없이 다 마찬가지래요. 머리 깎고, 감고, 정성껏 빗고, 때로는 노랗고 빨간 물까지 들이면서 공을 들이잖아요. 여러분도 그렇지요? 머리에 유난히 털이 많고 긴 동물은 사람밖에 없으니까요.

그럼 왜 그렇게 머리 쪽에 눈이 가고 손이 갈까요? 혹 머리카락 상태가 어떤지에 따라 사람이 달라 보이기 때문에 그런 건 아닐까요? 아마 맞을 것입니다. 머리카락 하나만 봐도 그 사람이 건강한지 그렇지 않은지 알 수 있거든요. 건강하지 않은 사람의 머리카락은 윤기가 없고 푸석푸석해 보인답니다. 그래서 그렇게들 멋 내고 다듬고 하는 것이겠지요.

왜 자꾸 머리카락 이야기만 하냐고요? 여러분, 머리카락도 실은 피부의 일부랍니다. 손톱과 발톱도 마찬가지예요. 둘 다 꼭 필요하니까 생긴 것이고

"인간의 머리카락은 너희 것과는 차원이 달라."

"거짓말! 그럼 저 아저씨는 뭐야?"

왜 또 날 가지고……

우리 몸을 보호하는 일을 하지요.

머리카락은 피부 속 '모낭'이라는 털주머니에서 나와 일주일에 2㎜쯤 자랍니다. 누구나 8만 개에서 10만 개 정도를 가지고 있어요. 하지만 머리카락을 만드는 세포는 이미 죽어 있습니다. 그래서 가위로 자를 때도 하나도 아프지 않은 거예요. 만약에 머리카락이 없다면 어떤 일이 벌어질까요? 아마 여름엔 뜨거운 햇볕을 머리에 그대로 받을 테고, 겨울엔 찬바람 때문에 머리가 꽁꽁 얼지도 모릅니다. 이렇게 머리카락은 더위와 추위로부터 우리 머리를 지켜 줍

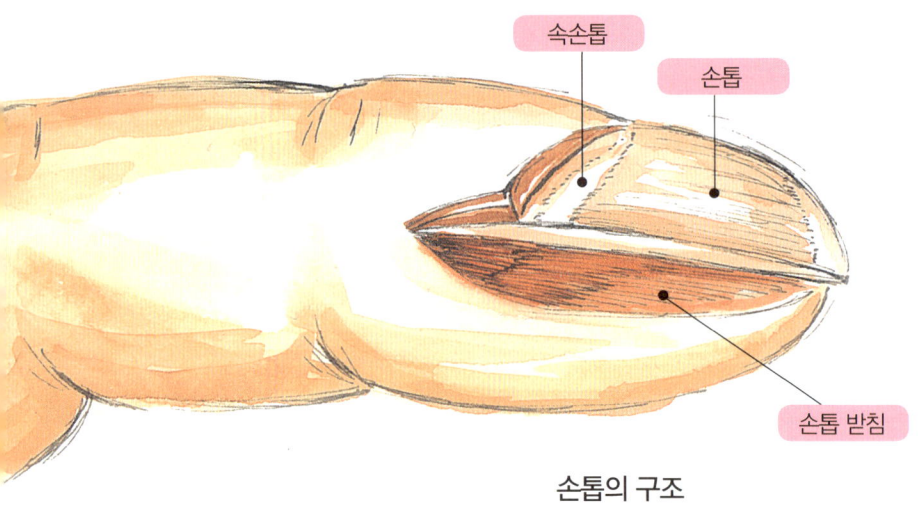

손톱의 구조

니다.

그럼 손톱과 발톱은 어떨까요? 그것들도 그냥 붙어 있는 게 아니라 손가락이나 발가락 끝이 힘없이 꺾이지 않도록 하려고 생긴 것입니다. 발톱이 없으면 걷는 데 애를 먹고, 손톱이 없으면 물건을 쥐는 데 지금보다 훨씬 힘이 들 거예요. 걸을 때 우리의 발톱들이 어떻게 힘을 받는가 생각하면서 걸어 보세요. 쓰임새가 좀 더 많은 손톱이 발톱보다 더 빨리 자란다는 사실! 재미있지요?

 **때가 없으면 큰일 납니다**

자, 그럼 머리카락 다음으로 마음을 많이 쓰는 곳은 어디일까요? 보나 마나 얼굴 피부입니다. 머리털뿐만 아니라, 얼굴을 보면 한 번에 그 사람의 건강이 보이거든요. 나는 학교에서 복도를 지나다 얼굴에 뾰두라지가 많이 난 학생을 자주 본답니다. 그럴 때마다,

"자네 말이야, 지금 대장이 안 좋지?"

이렇게 물으면 백이면 백 모두 다 이렇게 대답합니다.

"예, 그렇습니다."

그럼 이렇게 이야기해 줍니다.

"대장엔 김칫국물이 좋지, 요구르트도 좋고. 연고는 바르지 말게나."

그리고 등을 두드려 줘요. 참 신기하지 않아요? 대장이 좋지 않은데, 배가 아니라 엉뚱하게 얼굴에 뾰두라지가 나는 걸 보면요.

피부는 우리 몸을 꼭 감싸고 병균이 몸 안으로 들어오는 것을 막아 줍니다. 피부가 약해지면 병균이 몸 안으로 잽싸게 들어오는 거예요. 또 피부는 우리 몸이 늘 알맞은 온도가 되도록 도와준답니다. 몸에 열이 있거나 날씨가 더워지면, 피부는 땀을 내서 열을 밖으로 내보내지요.

내가 어렸을 때는 겨울이면 목욕은 물론, 머리도 몇 달씩이나 못 감고 지냈답니다. 그런가 하면 요새는 아침마다 샤워하고 머리도 감고 그러지요. 무엇이든 지나쳐도 탈, 모자라도 탈이랍니다. 목욕도 너무 자주 하면 탈이 나기 마련이에요. 게다가 어떤 사람들은 목욕을 하면서 껍질이 벗겨지도록 때를 밉니다. 그것이 피부에 얼마나 나쁜 일인 줄도 모르고 말이에요.

여러분, 여러분이 더럽다고 생각하는 때는 피부를 보호하는 각질입니다. 그러니까 때가 아예 없으면 병균이 몸 안으로 쉽게 들어온다는 뜻이에요. 또 때는 몸에 꼭 필요한 수분, 즉 물기가 빠져 나가는 걸 막는 일도 해 준답니다.

자, 잘 읽고 어머니와 아버지에게 자랑삼아 말해도 좋습니다. 때는 미는 게 아니고 녹이는 거예요. 탕에는 때를 불리러 들어가는 게 아니라, 피돌기를 빠르게 하고 근육이나 뼈를 부드럽게 해 주려고 들어가는 것이랍니다. 그런 다음 부드러운 수건에 비누칠을 해 슬슬 문질러서 때를 녹여 줍니다. 힘은 들이지 않는 게 더 좋아요. 목욕을 한 뒤 속에 때가 좀 있어야 몸이 좋아한다는 말이지요.

우리 피부도 자연의 일부여서 수많은 세균이 함께 살고 있습니다. 살갗에서 나오는 미끈미끈한 지방 성분이나 땀을 먹고 사는 세균이 많이 살고 있어요. 우리 피부가 세균이 살아가는 집이 되는 것이지요. 몸에 세균이 살고 있다니까 좀 꺼림칙한가요?

우리 몸에 붙어 사는 세균들은 절대 나쁜 것만이 아니란 걸 알아야 합니다. 우리 몸에 꼭 필요한 일도 해 주거든요. 그 세균들도 자기 몸을 지켜야 하니까, 밖에서 나쁜 세균이 들어오기라도 하면 맨 먼저 나서서 무찔러 버리는 것입니다. 그렇게 해서 우리 피부를 튼튼하게 지켜 주는 거예요. 그렇다면 비누를 많이 쓴다거나 때를 모질게 벗기는 짓이 얼마나 안 좋은지 잘 알겠지요?

내 살갗에 사는 세균은 내가 지켜야 합니다. 그러니까 샤워할 때도 꼭 필요한 데만 살짝 비누칠하고 나머지는 흐르는 물로만 씻어도 좋습니다. 왜들 자기 피부를 그렇게 못살게 구는지 모르겠어요. 나는 얼굴을 씻을 때도 비누를 쓰지 않는답니다. 피부 속에서 나오는 천연 지방 성분을 억지로 씻어 내는 게 너무 아까워서 그래요.

 ## 왜 피부색으로 인종 차별을 했을까?

여름 방학에 해수욕장이라도 다녀오면 얼굴도 그렇고 온몸이 검게 변하지요? 자외선에게서 피부를 보호하려고 검은 '멜라닌 색소가 생겨나 피부를 덮는데, 이걸 보고 친구들은 "와, 시꺼멓게 탔네."라고 합니다.

이건 피부가 실제로 탄 게 아닙니다. 피부가 검은 커튼을 만들어 자외선

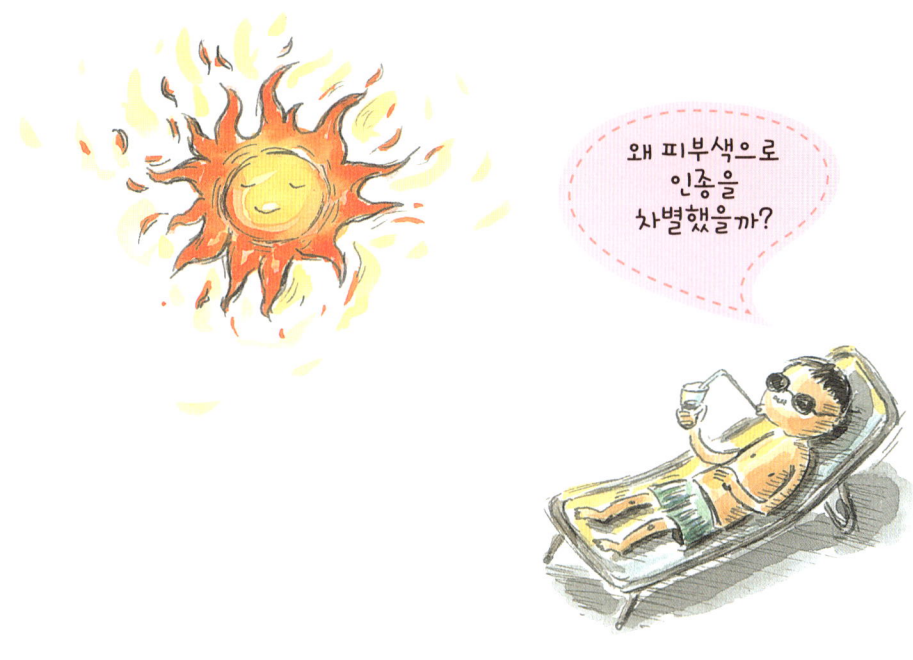

을 막느라고 생긴 거예요. 그래서 열대 지방 사람들은 태어날 때부터 얼굴이 검습니다. 백인들은 이 멜라닌 색소가 거의 없기 때문에 피부가 흰 것인데, 그들은 햇볕을 받아도 피부가 검게 되지 않고 벌겋게 타 들어가지요.

멜라닌 색소는 피부색을 결정할 뿐만 아니라 강한 자외선에게서 피부를 보호해 주는 장치이기도 합니다. 백인들은 이 장치가 없어서 피부암에 더 많이 걸린다고 하지요. 그런데 이 색소 때문에 사람들은 '검둥이', '흰둥이' 하며 오랫동안 인종 차별을 해 왔습니다. 참 어처구니없는 일이에요.

색소 세포

　피부는 바깥에 바로 드러나 있어서 무척 힘들어합니다. 날씨가 추우면 혈관이 오그라들면서 소름을 끼치게 하고, 더우면 땀을 내서 몸을 식히기도 하지요. 살갗 바로 아래에는 지방층이 있어서 열이 쉽게 빠져 나가는 것을 막아 줍니다.

　그럼 어떻게 하면 건강한 피부를 가질 수 있을까요? 피부에는 그 사람의 나이와 건강이 함께 들어 있다고 그랬지요? 한마디로 말해서, 몸이 건강하면 피부도 튼튼합니다. 가리는 것 없이 골고루 잘 먹고, 공부 스트레스는 되도록이면 덜 받아야겠어요. 또 강한 햇볕을 쬐는 것을 삼가고, 무엇보다 마음껏 뛰노는 게 여러분에게는 가장 좋을 것입니다. 적당한 스트레스는 오히려 건강에 좋은데, 운동은 몸에 주는 스트레스고, 독서는 눈과 뇌에 스트레스가 된답니다.

근육이 없다면……

우리 몸에 근육이 없으면 어떻게 될까요? 걷기는커녕 달리지도 못하고 웃지도 못하고 울지도 못하고……. 눈앞에 맛있는 음식이 아무리 많아도 아예 먹지조차 못할 것입니다. 근육은 힘을 내는 친구여서 '힘살'이라고도 불러요.

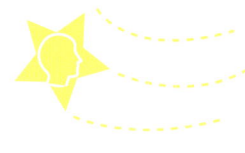

우리도 할 수 있어!

크윽!

만약에 근육이 없다면?

우리 피부의 바로 밑에는 뭐가 있을까요? 우리를 걷게 하고, 뛰게 하고, 찡그리거나 웃게 하는 힘은 어디에서 나올까요?

바로 근육이랍니다. 근육이 없으면 어떻게 될까요? 걷기는커녕 달리지도 못하고 웃지도 못하고 울지도 못하고……. 아예 먹지도, 움직이지도 못할 것입니다. 근육은 힘을 내는 것이어서 '힘살'이라고 하지요.

근육은 쓰면 쓸수록 점점 튼튼해지고 쓰지 않을수록 점점 약해집니다. 근육 세포는 새로 만들어지지 않고 태어날 때 생긴 것을 죽을 때까지 쓴다고 그랬지요? 그럼 올림픽 경기에 나온 선수들의 우람한 근육은 어떻게 된 걸까요?

그것은 바로 세포 하나하나가 커져서 그렇게 멋진 근육이 된 것이랍니다. 축구를 잘하는 유명한 선수도 오랫동안 운동을 안 하면 세포가 작아지고 쪼그라들어요. 오랫동안 병원에 누워 있다가 나오면 걷는 것도 힘들어지는데, 바로 다리 근육이 힘을 잃었기 때문입니다.

 ## 우리 몸에는 어떤 근육이 있을까?

우리 몸을 이루는 근육은 크게 세 가지가 있답니다.

먼저 뼈에 붙어 있는 근육인데, '골격 근육'이라고 해요. 근육 무늬가 가로로 되어 있기 때문에 아주 강한 힘을 낼 수 있고, 마음먹은 대로 움직일 수 있는 근육입니다.

그리고 우리 몸속의 위나 소장 같은 내장에도 근육이 있답니다. '내장 근육'이라고 해요. 그 친구들도 꾸물꾸물 움직일 수 있어야 일을 할 테니 당연히 근육이 필요할 것입니다. 근육 무늬가 따로 없어서 힘이 세지 않고, 마음대로 움직이게 할 수 없는 근육이에요. 한번 시험해

근육 많아 좋겠다!

37

보세요. 위를 마음먹은 대로 움직일 수 있는지 말이에요.

마지막으로 우리 왼쪽 가슴에서 쿵쿵 뛰는 '심장 근육'이 있습니다. 이 놀라운 근육에 대해서는 좀 더 자세하게 이야기해야 돼요. 심장 근육은 앞에서 말한 두 근육의 특징을 반씩 가지고 있거든요.

잘 보세요. 뼈에 붙은 근육은 팔다리를 빠르고 힘차게 움직이게 하는 힘이 있지만, 쉽게 지칩니다. 권투 선수나 100m 달리기 선수를 생각하면 금방 알 수 있을 거예요. 하지만 내장 근육은 움직임이 느리지만 꾸준히 움직일

수 있어서 쉽게 지치지 않습니다. 위장이나 창자가 그렇잖아요.

그렇다면 심장은 어떻게 해서 쿵쿵 힘차게, 게다가 쉬지도 않으면서 움직일 수 있는 걸까요? 그것은 바로 골격 근육이 가진 '힘'에다가 내장 근육이 가진 '꾸준함'을 모두 갖고 있어서 그렇답니다. 심장은 내장이지만, 근육 무늬가 가로로 되어 있어서 골격 근육처럼 강한 힘을 낼 수 있거든요. 대단하지요? 심장 박동이 내는 힘을 계산해 보면 권투 선수가 모래주머니를 힘껏 두드리는 힘과 비슷하답니다. 심장은 그렇게 평생 단 한 번도 쉬지 않고 일하고 있어요.

몸무게가 50kg인 친구의 근육 무게는 어림잡아 얼마나 될까요? 10kg? 20kg? 좀 어려운 질문이지만, 그 답을 알면 우리 몸에 근육이 얼마나 많은지도 곧 알게 될 것입니다.

우리 몸은 거의 절반 이상이 근육과 뼈로 되어 있습니다. 근육이 무려 600개가 넘는다니까요. 그러니 몸무게의 절반이 바로 근육과 뼈 무게인 셈입니다. 여기서 근육은 몸 밖에 있는 것만이 아닙니다. 위장이나 창자 같은 내장도 죄다 근육으로 되어 있으니까요. 그리고 뼈에 붙어 있는 근육도 수백 개가 넘습니다. 몸을 움직이려면 뼈를 움직여야 하지만, 그 뼈를 움직이게 하는 것도 바로 근육이거든요.

얼굴에도 근육이 30개쯤 있어서 웃기도 하고, 울기도 하고, 찡그리기도

할 수 있어요. 근육이 없다면 표정도 생길 수 없는 거지요. 그런데 사람은 웃을 때보다 찡그릴 때 근육을 더 많이 쓴답니다. 늘 찡그린 얼굴로 지내는 친구는 나중에 주름살투성이가 될지도 몰라요. 웃으면 정말로 복이 옵니다. 많이 웃으면 웃을수록 더 행복해지는 거예요. 이제 여러분도 복 받고 행복해지고 싶으면 어떻게 해야 할지 알겠지요?

 그럼 남자와 여자의 근육은 어떻게 다를까요? 일일이 이야기할 수 없을 만큼 남자와 여자는 다른 게 많습니다. 근육도 마찬가지예요. 남자는 자라면서 어깨가 넓어지고 튼튼한 근육도 생깁니다. 하지만 여자는 아무리 열심히 운동을 해도 남자처럼 '알통'이 크게 생기지는 않는답니다. 남자가 아령을 열심히 들었다 놓았다 하면 팔에 울룩불룩한 알통이 생길 테지만, 여자는 그렇게 해도 근육 덩어리가 생기지 않아요. 대신에 근육이 매끈해지고 탄력이 생긴답니다.

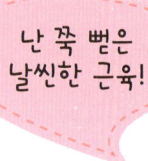

 ## 뼈 가는 데 근육 가고, 근육 가는 데 뼈 간다

 자, 이번에는 어떻게 해서 팔이 굽혀지기도 하고 펴지기도 하는지 볼까요? 가장 많이 쓰는 팔을 예로 들어 봅시다. 직접 굽혔다 폈다 하면서 생각해 보세요.

 팔이 굽혀지는 것은 팔 위쪽에 있는 근육이 오그라들고, 팔 밑에 있는 근육이 느슨해졌기 때문입니다. 팔 위쪽에 있는 근육을 '이두박근'이라고 하고 밑에 있는 근육을 '삼두박근'이라고 해요. 반대로 팔을 펼 때는 오그라들었던 이두박근이 펴지고 펴져 있던 삼두박근이 오그라드는 거지요. 이 두 근육이 짝이 되어서 이두박근은 팔을 굽히는 데 쓰고, 삼두박근은 팔을 펴는 데 쓰는 것이랍니다.

 여러분, 그러니까 뼈와 근육은 따로 떼어 생각할 수 없습니다. 걷거나 뛰려면 뼈가 움직여야 하지만, 그 뼈를 움직이게 하는 건 근육이니까요. "뼈 가는 데 근육 가고 근육 가는 데 뼈 간다."라고 생각하면 전혀 어렵지 않습니다.

 우리 몸에 있는 근육은 이두박근과 삼두박근처럼 모두 제짝이 있답니다. 다리 근육도 마찬가지예요. 한쪽이 오그라들면 다른 쪽은 펴지는 것입니다.

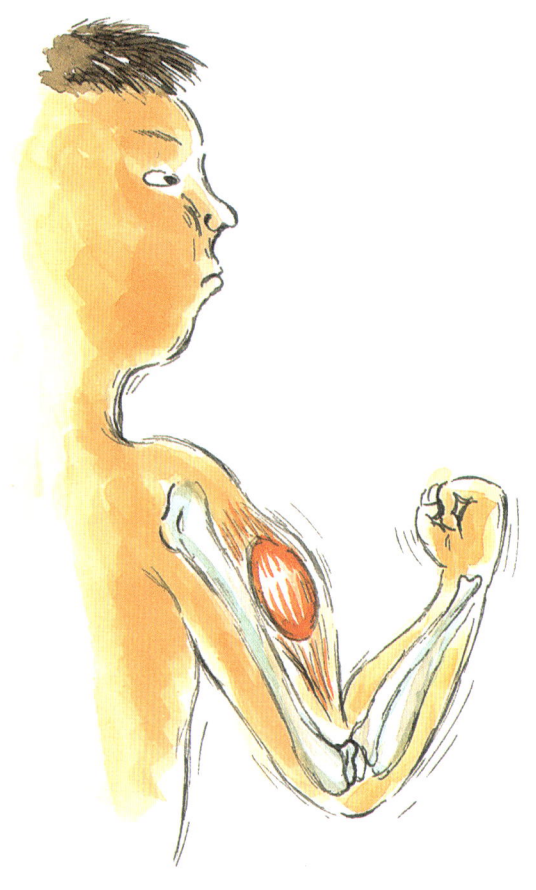

이두박근

그럼 이것을 조절하고 명령하는 건 도대체 누구일까요? 바로 '뇌'입니다. 그리고 신경은 뇌가 내린 명령을 근육에 전달해 주는 구실을 해요. 이렇게 뼈에 붙어 있는 근육은 뇌의 명령에 따라 움직입니다. 뇌가 "팔을 뻗어서 과자를 집어라. 그리고 먹어라."라고 명령하면 팔은 그렇게 하지요. 만약 신경이 끊어지면 아무리 뇌가 명령해도 팔은 그렇게 하지 못할 것입니다.

그렇지만 위장이나 창자 같은 내장은 뇌가 명령한다고 해서 그대로 움직이지 않습니다. 그래서 '자율 신경의 명령'에 따라 움직인다고 하지요. 누가 명령하지 않아도 스스로 알아서 움직인다는 뜻입니다. 기대하세요. 나중에 더 재미있는 이야기가 나오니까요.

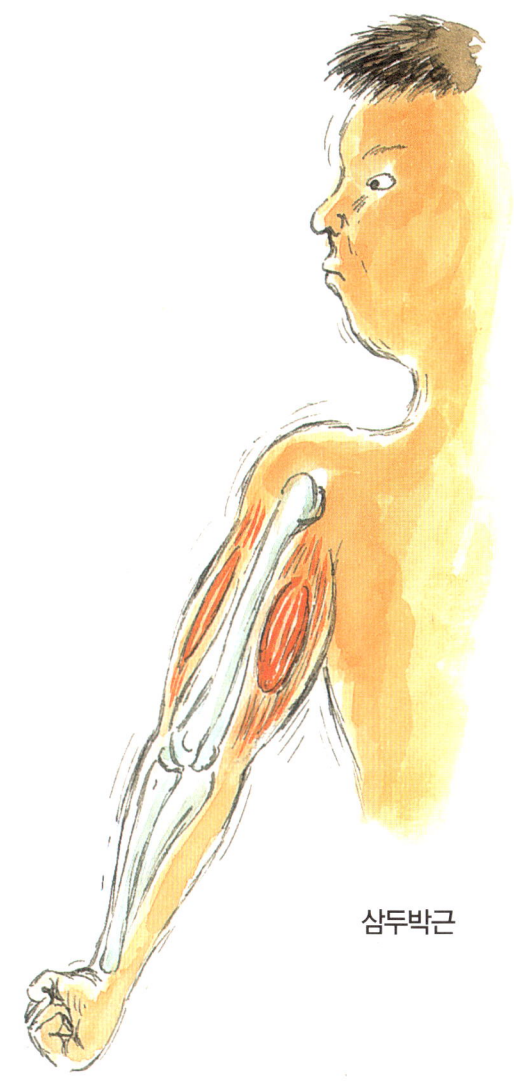

삼두박근

뼈도 살아 있다

언뜻 보면 뼛속에는 아무것도 없을 것 같습니다. 하지만 우리 몸의 뼛속으로도 수많은 핏줄이 들어가 있어요. 그래서 뼈세포에게 꼭 필요한 산소도 갖다 주고 영영분도 날라다 줍니다. 그래야 뼈도 일할 힘이 생기지 않을까요?

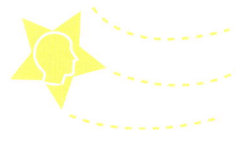

강철보다 강하다고?!

155. 156. 157……

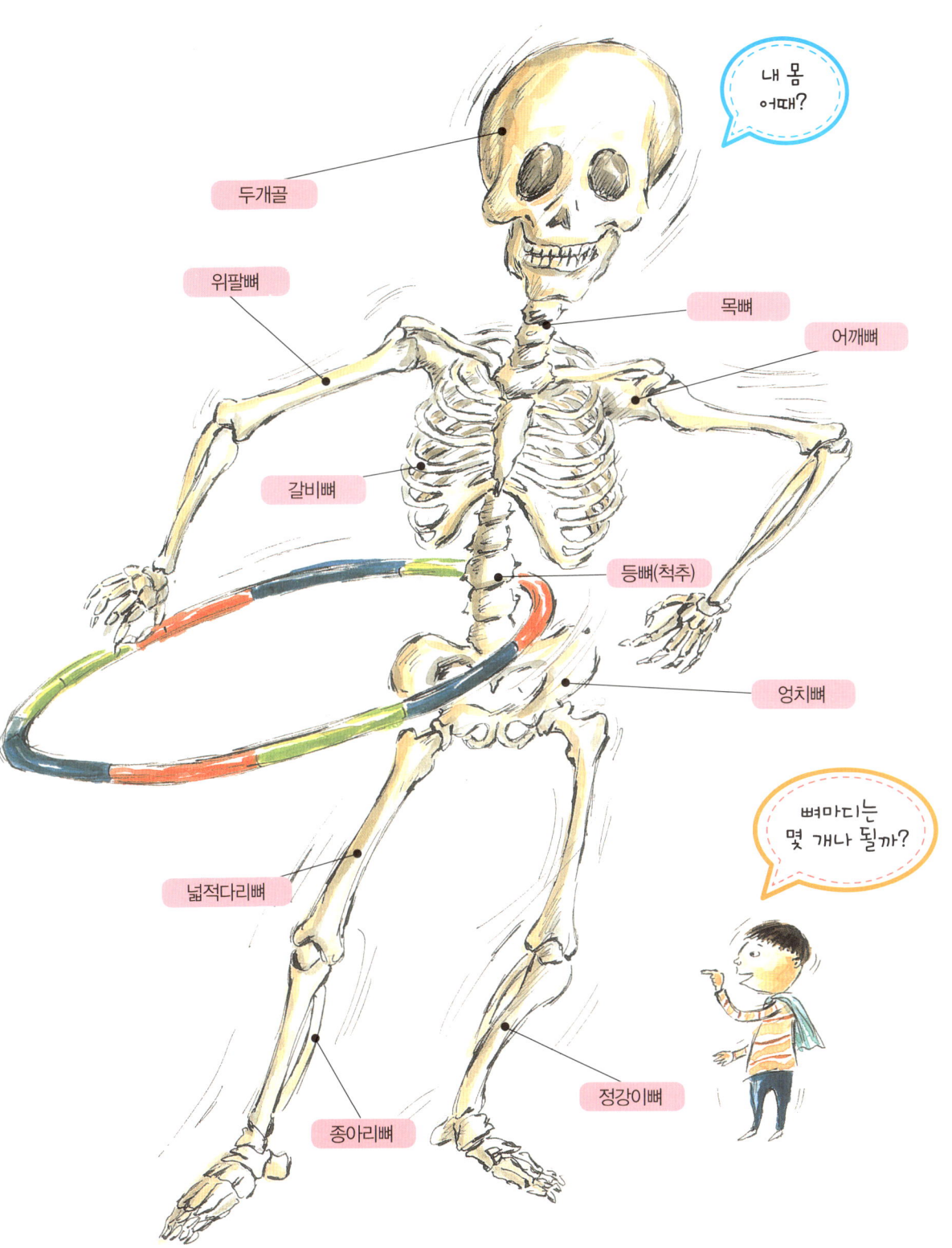

뼈도 살아 있다!

　우리 몸의 뼈도 세포가 만들었다는 것쯤은 이제 여러분도 다 압니다. 그러니까 뼈도 살아 있는 세포로 된, 살아 있는 친구가 틀림없습니다. 언뜻 보면 뼛속에는 아무것도 없을 것 같지만 뼛속으로도 수많은 신경과 핏줄이 들어가 있어서 뼈세포에게 필요한 산소도 갖다 주고 영영분도 날라다 주거든요. 그래야 뼈도 일할 힘이 생기지 않겠어요?

　우리 몸의 뼈는 얼마나 단단할까요? 놀라지 마세요. 뼈는 강철보다 무려 5배나 단단하답니다. 그러면서도 아주 가벼워요. 근육을 이야기할 때 근육과 뼈가 몸무게의 반 이상을 차지한다고 그랬지요? 덩치가 작은 친구의 몸무게가 많이 나가는 걸 보면, "와, 뼈 무게가 많이도 나가네."라고들 하잖아요.

　아무튼 뼈가 굵고 튼튼하면 몸무게도 더 나갈 것입니다. 그리고 뼈가 긴가 짧은가에 따라서 키가 큰 사람도 되고 작은 사람도 되지요. 또 뼈의 짜임새가 어떤지에 따라 어깨가 넓은 사람도 되고 좁은 사람도 됩니다.

　얼굴도 마찬가지예요. 전 세계 약 77억 명 가운데 똑같이 생긴 사람은 단 한 사람도 없습니다. 머리뼈가 어떻게 생겼고, 근육이 어떻게 붙었는지에 따

라서 모두 달라요. 동그란 얼굴, 세모꼴 얼굴, 네모진 얼굴……. 어떤 사람은 코만 높고, 어떤 사람은 이마만 툭 튀어나와 있고, 또 어떤 사람은 광대뼈가 쑤욱 나와 있기도 하고…….

머리에는 뼈 22개가 모여 있습니다. 안전하게 뇌를 감싸고 있는 뼈가 8개, 얼굴을 만드는 뼈가 14개 있어요. 머리에 있는 뼈 가운데 우리가 마음대로 움직일 수 있는 건 딱 하나밖에 없습니다. 그건 바로 턱뼈예요. 턱뼈가 안 움직이면 우린 아무것도 못 먹게 됩니다. 물론 말도 못할 테고 말이에요.

뼈는 우리 몸의 기둥

뼈는 우리 몸의 기둥입니다. 뼈대가 없으면 설 수조차 없지요. 튼튼한 기둥이 없으면 아무것도 바로 설 수 없습니다. 건물을 지을 때도 철근으로 된 기둥을 튼튼하게 세우는 게 먼저잖아요.

그렇다면 우리 몸을 이루는 뼈는 모두 몇 개일까요? 그리고 아기 때와 어른이 되었을 때의 뼈 수는 똑같을까요, 다를까요? 잘 들어 보세요.

아기들 뼈는 약 350개쯤 된답니다. 그런데 점점 자라서 어른이 되면 누구나 206개가 된대요. 자그마치 약 150개 정도가 줄었습니다. 이게 어떻게 된

걸까요?

 갓 태어난 아기들 뼈는 말랑말랑한 데다가 여러 조각으로 나뉘어 있답니다. 그러다가 조금씩 자라면서 뼈가 서로 붙기도 하고, 쓰지 않는 뼈는 아주 작아지거나 없어지기도 한대요. 우리 몸에 있는 모든 뼈는 처음 생길 때는 물렁뼈였지만 시간이 지나면서 굳은 뼈로 바뀌는 것입니다.

물론 뼈와 뼈 사이에 있는 관절이나 귓바퀴, 코뼈 같은 데는 처음 생긴 그대로 물렁뼈(연골)로 되어 있습니다. 귀를 한 번 만져 보세요. 그리고 이리저리 접어 보세요. 하나도 안 아프지요? 만약에 우리의 코뼈나 귓바퀴 뼈가 딱딱한 뼈로 되었다면 어떤 일이 일어날까요?

아마 다 부서지거나 부러져서 성한 코뼈나 귀뼈를 가진 사람이 드물 것입니다. 그뿐인가요? 만약에 무릎뼈 사이에 물렁뼈가 들어 있지 않았다면 어떤 일이 생길까요? 열심히 달리는 마라톤 선수의 무릎에서 뼈 타는 연기가 솔솔 뿜어져 나올지도 모르는 일 아닐까요?

뼛속에 보물이 들어 있다

자, 이번에는 뼈가 하는 일에 대해 좀 더 자세하게 알아봅시다.

뼈는 우리 몸을 지탱하는 일만 하는 건 아니랍니다. 우리 몸에 꼭 필요한 물질을 담아 두는 보물 창고 구실도 하거든요. 무슨 뜻이냐고요? 잘 생각해 보세요. '칼슘'이라는 말에 대해 많이 들어 봤을 것입니다. 뼈가 튼튼해지려면 칼슘이 모자라면 안 되니까 우유나 멸치를 많이 먹으라고 그러잖아요.

뼛속에는 우리 몸에 있는 칼슘의 99%가 들어 있답니다. 칼슘은 뼈를 튼

튼하게 해 주는 것 말고도 우리 몸에 없어서는 안 될 귀한 친구거든요. 뼈는 칼슘을 갖고 있다가 몸이 필요하다고 하면 언제든지 핏속에 녹여 내보낸답니다. 그리고 피에 칼슘이 너무 많이 녹아 있으면 재빨리 빨아들여서 뼛속에 저장해 두지요. 뼈가 그런 일을 한다니까 신기하지요? 그러니까 뼈도 살아 있는 세포로 된, 살아 있는 조직이랍니다.

뼈를 만드는 조골세포

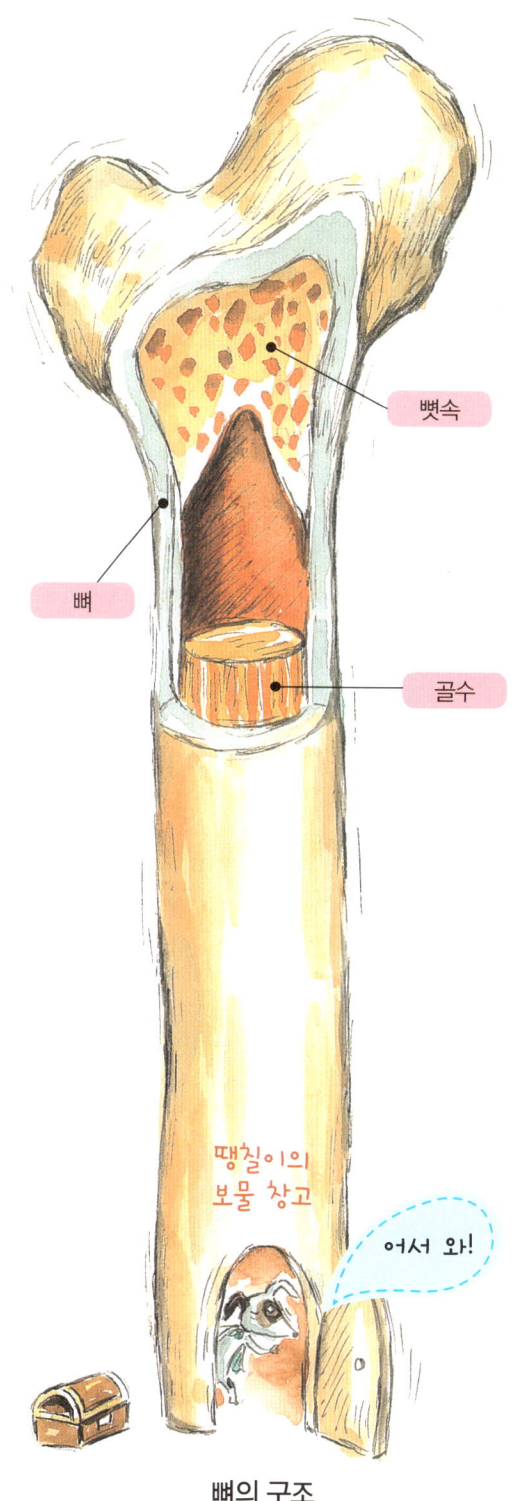

뼈의 구조

　재미있는 이야기를 하나 할게요. 우주선을 타고 우주를 여행하는 우주인 알지요? 달이나 우주에는 공기도 없고 중력도 없으니까 사람이 둥둥 떠다니잖아요. 애써 힘을 주고 서 있을 필요도 없고 그럴 수도 없는 것입니다. 그런데 사람이 그런 무중력 상태에서 오랫동안 지내게 되면 어떻게 될까요?

　다리도 그렇고 팔도 그렇고 뼈를 쓸 필요가 없어지고 맙니다. 그러니 시간이 갈수록 뼛속에 있는 칼슘이 녹아서 소변으로 술술 새어 나오고 말아요. 그렇다면 아주 큰일입니다. 그래서 우주인들은 짬이 날 때마다 열심히 자전거를 타고 있는 거예요. 우주선 안에서요. 우주인들이 그러고 있는 것을 보면 운동이 우리 몸에 얼마나 필요한지 잘 알 수 있습니다. 하지만 아무리 운동을 해도 우주에서는 별 소용이 없나 봐요. 우주인들이 지구에 돌아오자마자 휘청휘청 비틀거리는 모습을 보면요.

뼈에도 신경이 통하고 핏줄이 있다고 했습니다. 그래서 뼈가 다치거나 부러지면 그렇게 아픈 거예요. 어쩌다가 정강이뼈를 뭔가에 찧으면 눈물이 펑펑 날 만큼 아프잖아요. 뼈도 살아 있는 뼈세포로 되어 있으니까 당연한 일입니다.

자, 여기서 뼈의 비밀 한 가지가 더 밝혀집니다. 바로 뼈가 피를 만든다는 새로운 사실이에요. 뼈가 만드는 피란 바로 '적혈구'와 '백혈구'입니다. 이 두 친구가 어떤 일을 하는지는 앞에서도 잠깐 이야기했지만, 나중에 더 자세하게 나와요. 적혈구와 백혈구는 뼈 중에서도 머리뼈, 등뼈, 넓적다리뼈, 팔다리뼈 같은 커다란 뼈에서 만들어지지요.

뼈가 자라는 것도 다 때가 있는 법이랍니다. 어린이일 때 가장 많이 자라고 튼튼해지지요. 그러니까 한창 크는 여러분들은 아무거나 가리지 말고 잘 먹어야 합니다. 그리고 공부에 매달리기보다는 열심히 뛰어놀아야 한답니다. 건강하지 않은 사람이 할 수 있는 일이란 이 세상에 아무것도 없으니까요.

뇌는 비밀투성이

우리 몸의 단 2%, 대뇌가 가진 힘이 멀고 먼 화성에까지 우주선을 보내고 있습니다. 생각하면 할수록 뇌의 세계는 오묘하고 신비스럽기 짝이 없어요. 하지만 뇌에 대해 우리는 아직 모르는 게 너무 많답니다. 뇌의 비밀은 겨우 1% 밖에 풀리지 않았다고 하거든요.

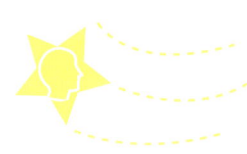

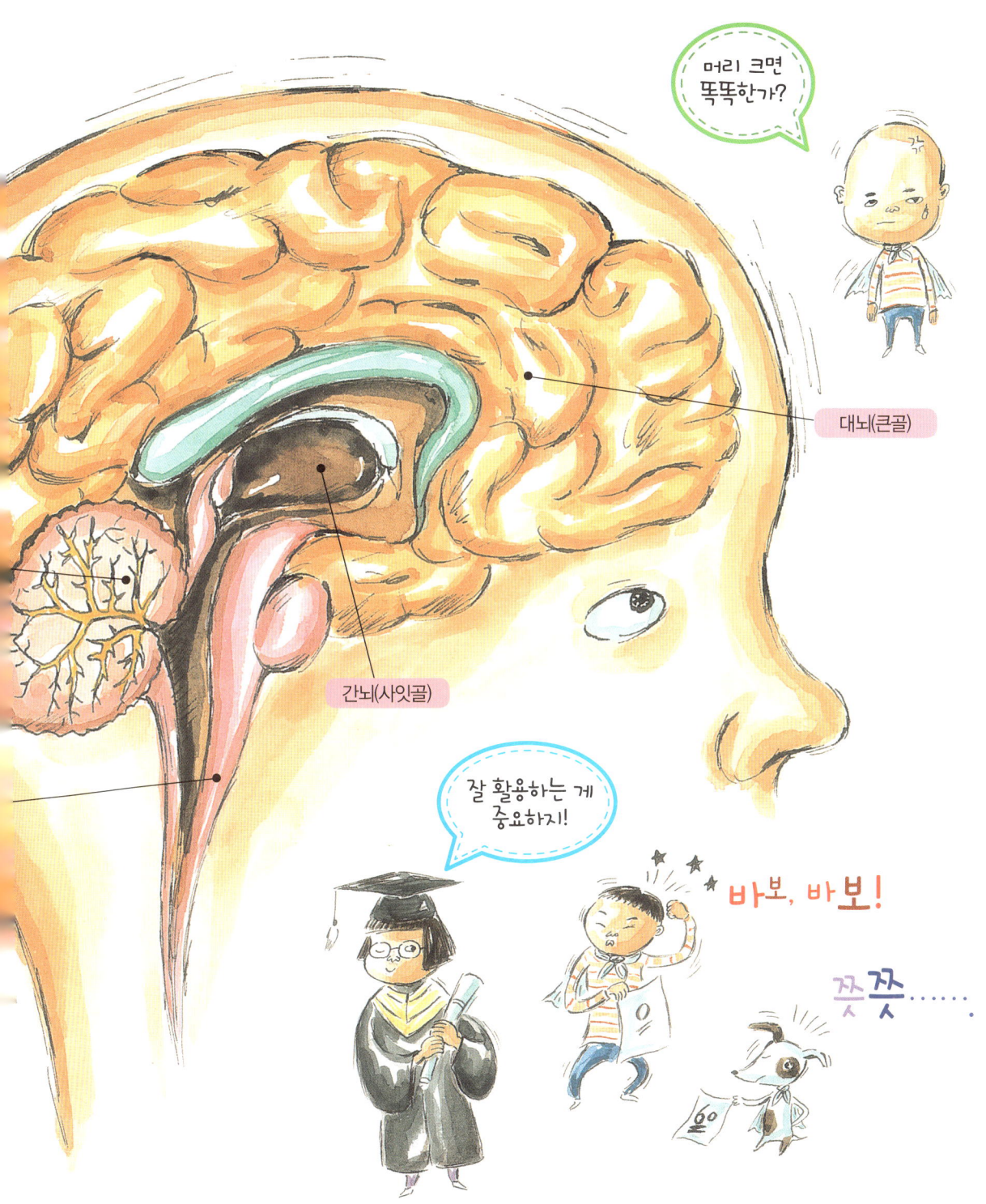

# 뇌가 생긴 까닭은?

생각하면 할수록 신기한 일입니다. 식물은 뇌가 없는데, 동물은 신경 세포 뭉치인 뇌를 갖고 있으니 말이에요. 녹색 식물은 '엽록체'라는 포도당 공장이 몸에 있어서, 스스로 영양분을 만드니 이리저리 움직일 필요가 없겠지요. 뿌리에서 물과 양분을 빨아들이고, 이파리에 있는 엽록체에서 햇빛을 받아 양분을 만들어 냅니다. 한 군데 뿌리를 박고 돌아다니지 않아도 되는 식물이 부러운가요? 어쩌면 식물은 우리처럼 여기저기 돌아다니고 싶어하지는 않을까요?

자, 그럼 동물은 어떻게 살고 있을까요? 한번 생각해 보세요. 동물은 스스로 양분을 만들 수 없으니까 언제나 식물에 기대서 살아갑니다. 육식 동물은 식물을 안 먹는다고요? 물론 그렇지요. 하지만 육식 동물이 잡아먹는 초식 동물은 식물을 먹고 살잖아요. 우리가 먹는 생선도 식물성 플랑크톤을 먹고 자란 것일 테고, 달걀 한 알도 닭이 곡식을 먹고 낳은 것입니다.

한마디로 동물은 식물에게 온전히 기대면서 살아갑니다. 그러니 먹이를 찾아서 죽기 살기로 헤매고 다녀야만 했지요. 먹이를 찾아 움직이려면 이쪽저쪽, 빠르게 혹은 느리게 움직이라고 명령하는 곳이 있어야 되지 않겠어요?

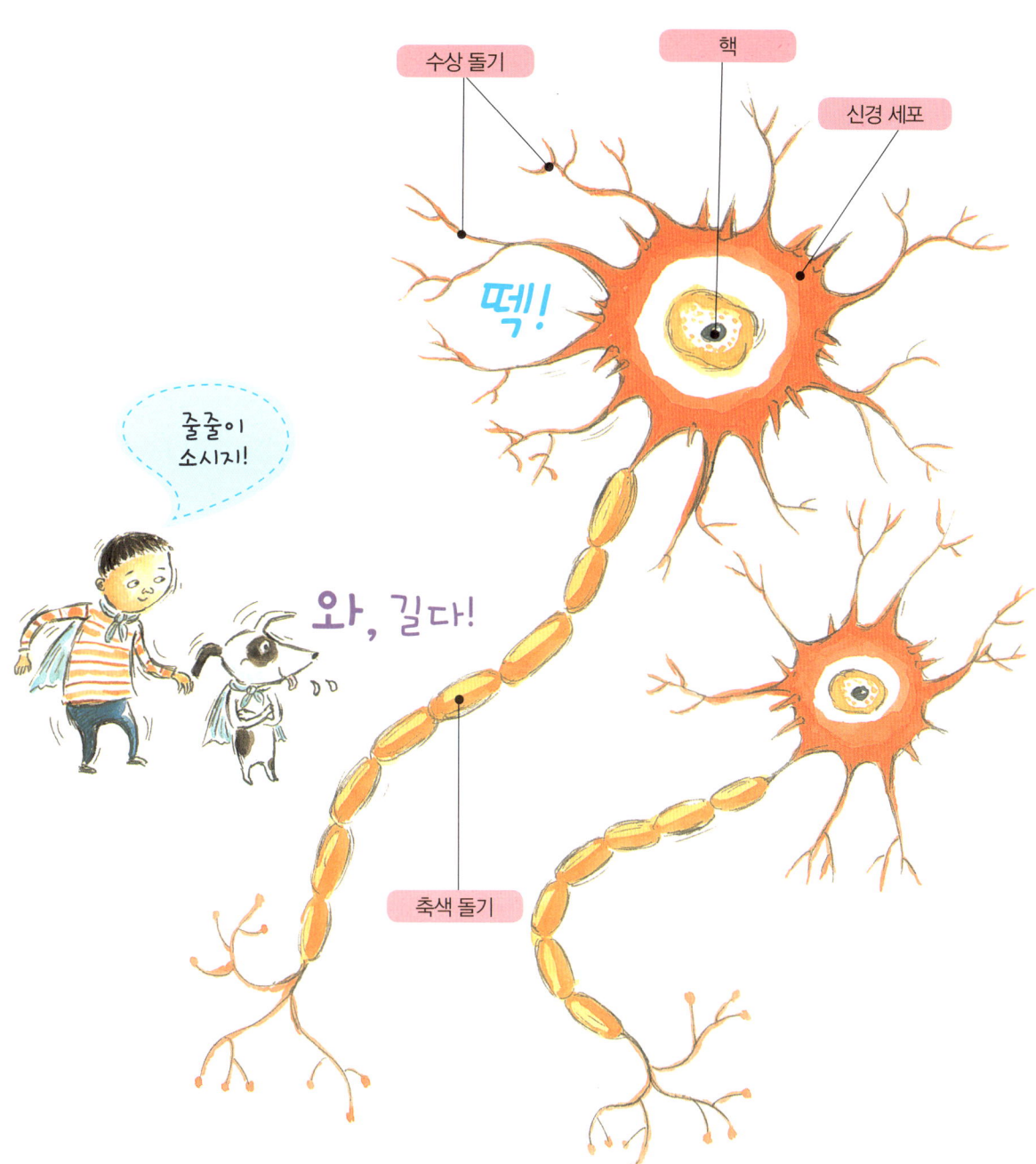

그래서 생긴 것이 바로 '뇌'랍니다. 자연히 동물에게는 '뇌'라는 감각 기관이 생기게 되었고, 뇌에 달라붙은 눈까지 갖게 된 것이지요. '동물'이라는 한자 말을 풀어 보면 '움직이는 물건'이란 뜻이 되거든요.

그런데 동물이라고 해서 모두 우리 사람처럼 커다란 뇌를 갖고 있지는 않답니다. 세포 하나짜리 원생동물은 뇌가 따로 없고, 꽤 진화했다는 지렁이도

몸 크기에 비해 뇌는 아주 작거든요. 뇌가 잘 발달했다는 척추동물 가운데서도 몸무게에 대한 뇌 무게의 비율은 다 다릅니다.

공룡이 $\frac{1}{20,000}$이고 고래나 코끼리가 $\frac{1}{2,000}$인데 비해서, 사람은 약 $\frac{1}{40}$쯤 된다고 하거든요. 결론은 이렇습니다. 몸무게에 비해 뇌의 용량이 많을수록,

그러니까 골이 꽉 찰수록 더 많이 발달한 동물이랍니다. 사람 중에서도 머리통이 큰 사람이 영리한 사람이 많다고 해요.

뇌가 가장 좋아하는 게 뭘까?

자, 그럼 우리들의 뇌 이야기로 들어갑니다. 뇌 가운데서도 $\frac{7}{8}$을 차지하는 대뇌, 즉 큰골을 중심으로 이야기할게요.

대뇌는 무게가 약 1.5kg으로 몸무게의 2%에 가깝습니다. 딱딱한 두개골 안에 안전하게 들어가 있는데, 허파에서 빨아들인 산소의 20%를 쓴다고 하니 대단하지요? 그 말은 대뇌가 하는 일이 그만큼 많고 중요하다는 뜻이 된답니다. 허파나 간 같은 조직에 비해 무려 10배나 많은 산소를 쓴다니까요. 그럼 우리 몸에 산소가 부족해지면 어떻게 될까요? 물론 많은 문제가 생기겠지만, 무엇보다도 대뇌가 가장 큰 상처를 입고 말 것입니다.

뇌는 맑은 공기를 좋아합니다. 그리고 대뇌는 사탕이나 과자에 많이 들어 있는 '포도당'을 아주 좋아해요. 무슨 말일까요? 대뇌에게는 단백질이나 지방보다는 탄수화물이 더 필요하다는 뜻인데, 대뇌가 일하는 데 필요한 여러 가지 양분 중에 무려 70%를 차지하는 것이 포도당이라고 합니다. 나는 여러분 같은 어린이에게 이 상한다고 사탕도 못 먹게 하고, 과자도 못 먹게 하는 어른들을 보면 좀 답답해집니다. 이는 먹고 난 뒤에 닦으면 되지만, 뇌는 그럴 수 없으니까요. 대뇌가 어떻게 생겼는지 한번 볼까요?

대뇌는 크게 바깥쪽에 있는 '대뇌 피질'과 안쪽 아랫부분에 있는 '변연계'로 나뉩니다. 대뇌 피질은 좀 어렵고 복잡한 생각을 하게 하는 곳이에요. "사람은 왜 이 세상에 태어났을까? 나는 커서 무엇이 될까?"라고 생각하는 것처럼 말이에요.

하지만 변연계는 전혀 다릅니다. "아, 배고파. 뭐든 먹고 싶어."와 같은 생각, 타고난 본능에 따라 살기 위한 행동을 하도록 지시하는 곳이지요. 개나 고양이가 그러는 것처럼 말이에요.

지구에 사는 수많은 동물 가운데 사람이 가진 대표적인 특징을 꼽으라면 여러분은 무엇을 꼽을까요? 아마 뇌가 몸에 비해 크고, 무엇보다 대뇌가 발달해서 겉부분인 '피질'에 주름이 많은 것을 먼저 들어야 할 것입니다. 그러니까 지능이 어느 동물보다도 높다는 말이 되는 거지요.

사람의 뇌 세포는 거의 200억 개에 이른다고 합니다. 그런데 어느덧 할아버지가 된 나는 하루에만 50만 개가 넘는 뇌 세포가 죽어 없어진다고 해요. 소중한 기억들이 하나둘 없어져 가는 거지요. 슬픈 일이지만 어쩔 수 없는 일이겠지요.

왜 이런 이야기를 하냐면, 다른 세포들은 죽으면 새로운 세포가 다시 생기는데, 뇌 세포는 다시 살아나질 않아서 그렇답니다. 살갗에 있는 세포나 백혈구는 7일, 적혈구는 120일 정도 살다 죽으면 새로운 것이 그만큼 생기는데, 뇌 세포는 그렇지 못해요. 하지만 뇌도 쓰면 쓸수록 죽는 속도가 줄어든다고 하니까 너무 걱정할 필요는 없답니다.

 ## 1%만 밝혀진 뇌의 비밀

여러분에게 한 가지 물어볼게요. 여러분의 어머니나 아버지는 사탕이나 과자를 먹고 싶은 만큼 먹게 하나요, 아니면 자주 못 먹게 하나요? 앞에서도 잠깐 이야기했듯이 나 같으면 먹고 싶어 하거든 언제든지 먹게 하겠어요. 그 이유를 자세하게 이야기할 테니까 잘 기억해 두세요. 필요할 때가 반드시 있을 테니까요. 하지만 요새 흔히 보이는 과자류나 사탕에는 몸에 해로운 화학 첨가물이 아주 많다니까 주의해야 합니다. 아마 부모님이 권해 주시는 질 좋은 것들이라면 문제없을 거예요.

첫째, 대뇌는 약 75분만 자고 나면 모든 피로가 풀린다고 합니다. 내일이 시험이라 마음이 아무리 급해도 밤새 75분은 자야 다음 날 시험지 답란을 제대로 메울 수 있다는 말이지요. 밤을 꼴딱 새우는 것은 되레 손해라는 뜻이랍니다.

둘째, 대뇌가 일하는 데 필요한 힘을 포도당이 70%쯤 공급한다고 했지요? 대뇌가 일을 잘하게 되려면 단백질이나 지방도 있어야 하지만 포도당이 더 많이 필요합니다.

시험을 앞둔 형이나 언니에게 건네는 합격 엿은 "꼭 붙으세요."라고 말하

67

고픈 마음이 들어 있지요. 하지만 그게 다는 아니랍니다. 합격 엿을 먹고, "엿 드시고 빨리 포도당을 머리에 공급해 대뇌의 피로를 풀어 주세요." 하는 과학성도 함께 들어 있답니다. 엿은 사탕보다도 포도당을 더 빨리 만들어 내거든요.

첫 번째 이야기를 읽다가 궁금한 게 하나 생길지도 모르겠습니다. 밤새

75분만 자도 대뇌의 피로가 풀린다면, 사람이 하루에 일곱 시간에서 여덟 시간을 자야 하는 것은 왜일까요?

물론 대뇌는 75분 정도만 자면 다시 일할 힘을 얻습니다. 하지만 근육이나 뼈가 낮 동안 쌓인 피로를 풀고, 또 알게 모르게 망가진 조직들을 살리고 세포 분열을 하는 등의 여러 일에 시간이 더 필요한 것이지요. 잠을 푹 자는 어린이가 쑥쑥 자라고, 또 잘 자는 어른이 건강한 이유가 어디 있는지 이제 알겠지요? 오래 사는 할머니들과 할아버지들은 하나같이 잠을 많이, 그리고 푹 잔답니다.

두 번째 이야기에서도 우리는 처음에 던진 질문의 답을 찾아야 합니다. 한창 크는 어린이들은 포도당이 많이 든 탄수화물, 그러니까 엿이나 사탕, 과자를 잘 먹어야 한다는 거지요. 물론 밥은 말할 것도 없습니다. 포도당이 모자라는데, 어린이들의 대뇌가 제대로 움직일 리 있겠어요? 그렇게 되면 지능 발달도 잘 안 될 게 분명합니다.

자, 결론이에요. 여러분이 좋아하는 음식엔 몸에 꼭 필요한 영양소가 들어 있으니까 가리지 말고 잘 먹어야 한답니다.

우리 몸의 단 2%, 대뇌가 가진 힘이 멀고 먼 화성에까지 우주선을 보내고 있습니다. 생각하면 할수록 뇌의 세계는 오묘하고 신비스럽기 짝이 없지요. 하지만 뇌에 대해 우리는 아직 모르는 게 너무 많답니다. 지금도 수많은

과학자가 '미지의 세계'인 뇌를 연구하고 있어요. 지금껏 밝혀진 뇌의 비밀은 겨우 1%밖에 안 된다고 하거든요. 뇌 속의 놀라운 비밀들이 어린 과학자 여러분을 기다리고 있습니다.

눈도 말을 한다

눈이 큰 사람은 마음이 순하고 착하다는 말 들어 봤지요? 어떤 사람의 눈을 보면 한 번에 그 사람의 마음을 읽을 수가 있답니다. 그래서 눈을 '마음의 창'이라고 하는 거예요. 눈빛만 봐도 그 사람의 마음이 어떤지 읽을 수 있다는 뜻이기도 하지요.

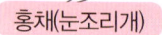
홍채(눈조리개)

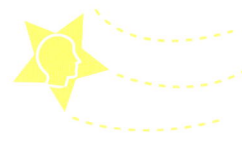
눈은 나한테도 중요해!

나도 눈이 있다!
단추구멍
별명

그럼 떠 봐!
왕눈이

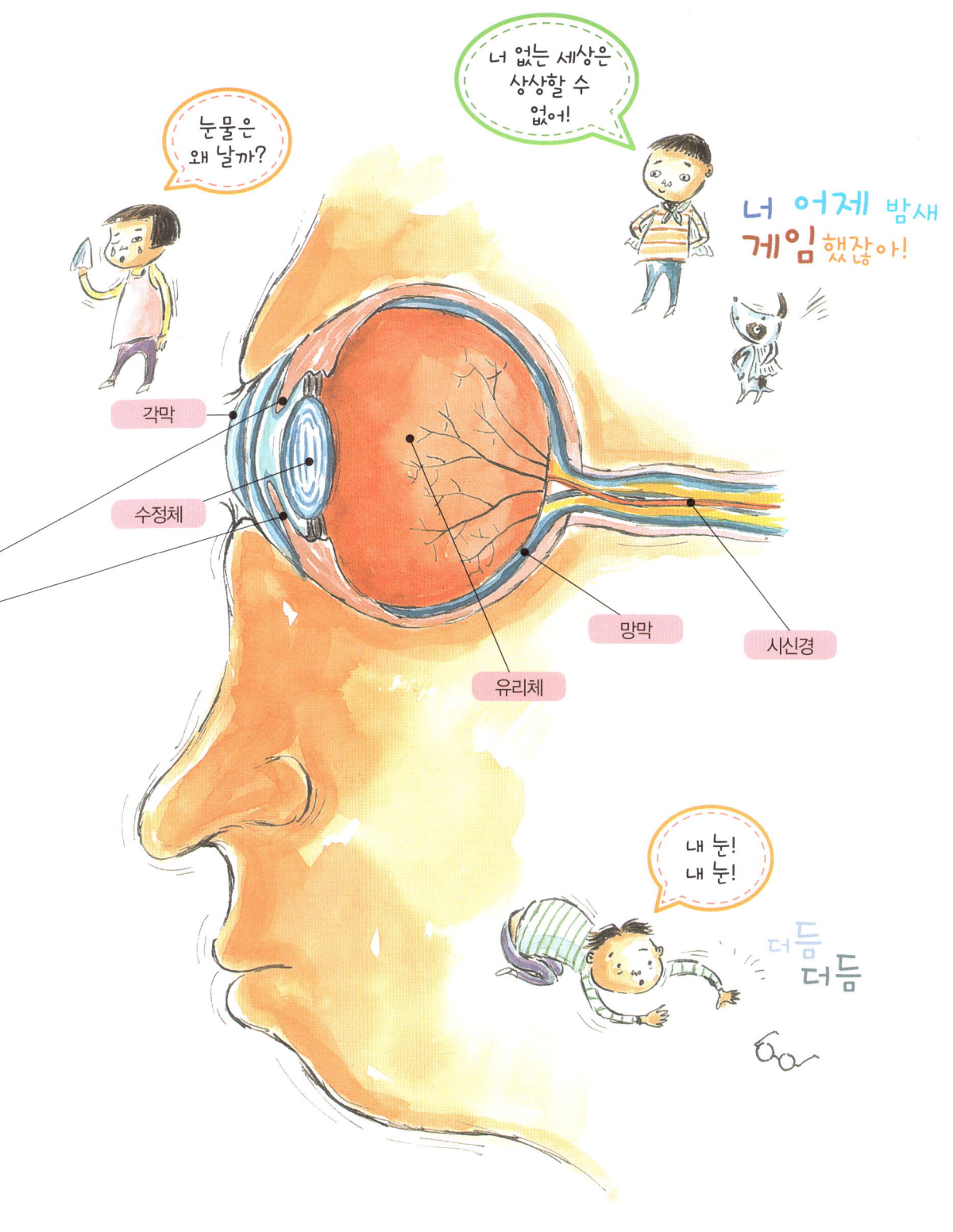

# 눈도 말을 한다

눈이 있어서 우리는 무엇이든 볼 수 있습니다. 볼 수 없다는 게 얼마나 힘든 일인지는 겪어 본 사람이 아니면 말할 수 없겠지요. 우리 몸에 무엇 하나 소중하지 않은 게 없지만, 눈도 그렇답니다. 늘 있고, 늘 볼 수 있으니까 귀한 줄 모른다면 안 될 거예요.

질문 하나 해 볼까요? 사람의 눈알 크기는 얼마나 될까요? 그리고 어떤 것과 비슷하게 생겼을까요?

어떤 사물의 크기나 생김새, 길이에 대한 호기심 어린 관심이 곧 과학을 할 수 있는 마음이랍니다. 지금 우리 몸에 대해 차근차근 알아 가고 있으니까 여러분에게도 궁금한 게 많아졌으면 좋겠어요. 자기 몸에서 먼저 느끼는 과학이 더 흥미롭고 실감 나지 않겠어요?

다시 눈 이야기로 돌아와 봅시다. 우리 눈은 탁구공만 하지요. 통통 튕기는 탁구공만 한 것이 양쪽에 들어가 있어요. 좀 더 자세하게 말하면, 눈의 지름은 2.4cm에 무게는 7g 정도 된답니다.

눈이 큰 사람은 마음이 순하고 착하다는 말, 들어 봤지요? 어떤 사람의 눈을 보면 한 번에 그 사람의 마음을 읽을 수가 있습니다. 그래서 눈을 '마

음의 창'이라고 하기도 하지요. 여러분처럼 장난기 가득한 눈, 영리하게 똘망똘망 빛나는 눈, 좋은 사람을 보는 사랑스러운 눈, 엉엉 울 듯 눈물이 가득해진 눈…….

그런가 하면 눈은 마음이 통하는 길도 됩니다. 여러분도 친한 친구가 있을 테니 겪어 본 적 있을 거예요. 왜 눈으로 말한다고들 하잖아요. 눈빛만 봐도 그 사람의 마음을 읽을 수 있다는 뜻이기도 하지요.

그런데 "눈은 뇌와 한 식구다!"라고 하면 여러분은 믿을까요? 눈은 뇌와 죽 이어져 있는 한 식구입니다. 눈은 뇌에서 시작해 안구, 수정체, 각막으로 이어져 안에서 몸 바깥으로 만들어져 나왔어요. 물론 뇌는 모두 딱딱한 두개골로 둘러싸여 있지만, 얼굴 앞쪽에 뚫린 구멍으로 비어져 나와 자리를 잡은 것이 바로 눈알입니다. 만일 두개골을 갈라서 뇌를 들어내면 거기에 눈알 2개가 달랑 붙어 나올 거예요.

우리는 눈이 있어서 늘 무엇인가를 보면서 지냅니다. 그럼 우리는 어떻게 해서 볼 수 있을까요?

정답은 빛에서 찾을 수 있습니다. 빛이 없으면 우리는 아무것도 볼 수 없어요. 여러분 앞에 놓인 게 무엇이든 한번 보세요. 필통이어도 좋고, 칠판이어도 좋고, 작은 화분이어도 좋습니다. 작은 화분이라고 생각해 볼까요? 우리가 화분을 보면 화분에서 반사되어 나온 빛이 우리 눈으로 흘러들어 옵니다. 빛은 눈의 맨 앞에 있는 각막으로 들어가서 투명한 수정체를 지나게 되

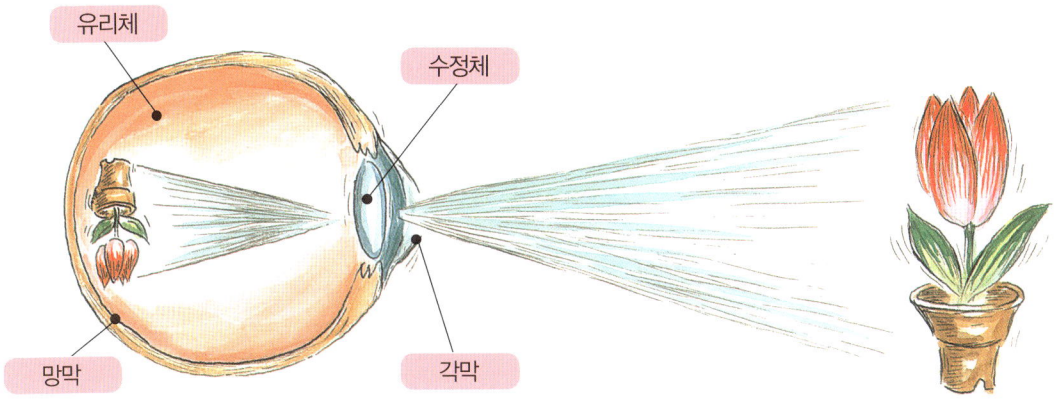

지요. 각막과 수정체는 빛을 한군데로 모아서 뒤쪽으로 보냅니다. 이때 눈 뒤에 있는 망막에는 화분이 거꾸로 맺히게 되지요. 그러고 나면 망막에 있는 감각 세포가 시신경을 통해 뇌로 신호를 보냅니다. 그러면 뇌는 거꾸로 되어 있던 작은 화분을 바로잡아서 인식하게 되는 거지요.

여러분, 눈이 발갛게 되었다는 것은 뇌도 아주 고단하다는 것을 뜻한답니다. 곧바로 쉬어야 한다는 뜻이에요. 사람에 따라 피로해진 모양새는 저마다 다른데, 어떤 이는 입술이 트고, 또 어떤 사람은 코피를 흘리기도 합니다.

여러분은 어떤가요? 나는 그 신호를 눈에서 먼저 찾는답니다. 사람은 밖에서 오는 자극을 90% 이상 눈에 기댄다고 하거든요. 개나 쥐가 주로 코나 귀에 기대는 것과는 아주 다르지요. 그래서일까요? 사람은 다른 동물이 쓰지 않는 안경이라는 것을 너도나도 쓰고 있습니다. 눈에 핏줄이 서거나 핏기가 있으면 그냥 푹 쉬어야 합니다. 쉰다는 것은 잠을 자는 거라고 봐도 좋아요. 이 세상에 잠보다 더 좋은 보약은 없으니까요.

자, 그럼 거울로 우리 눈의 흰자위를 한번 들여다봐요. 물론 하얗겠지요? 그럼 개나 고양이, 소 같은 동물의 흰자위는 어떨까요? 역시 흰색일까요? 한번 상상해 보세요. 여러분이 발견한 중요한 결과는 무엇일까요? 수많은 동물 가운데 우리들 사람만 흰자위가 희답니다.

다음은 거울 앞에서 유심히 자기 눈동자를 들여다보세요. 무슨 색일까요? 물론 검은색입니다. 그럼 사진이나 영화 같은 데서 본 서양 사람들의 눈동자는 무슨 색깔이었나요? 푸른색? 검은색? 파란색? 밤색?

서양 사람들의 눈동자도 우리와 같이 검은색입니다. 황인종, 흑인종, 백인종 모두 눈동자 색은 다 새까맣거든요. 그럼 파란 눈을 가진 서양 사람들은

눈의 어디가 파란 걸까요? 실은 눈동자를 둘러싸고 있는 홍채, 즉 눈조리개가 파란 것이랍니다. 그러니까 '파란 눈동자'가 아니라 '파란 홍채'라고 하는 게 맞는 말입니다. 백인들은 몸에 멜라닌 색소가 거의 없어서 홍채도 파르스름한 색을 띠거든요. 피부 이야기를 할 때 나온 것 기억하지요? 그래서 우리 같은 동양 사람은 충분히 견딜 수 있는 빛도 백인들은 눈이 부셔서 못 견 더 한답니다. 그래서 그들은 색안경을 자주 쓰는 거예요. 그냥 멋있어 보이라고 쓰는 게 아니에요.

눈물은 왜 흘릴까?

자, 이번에는 눈물 이야기입니다.

사람에게는 누구나 눈물샘이 있습니다. 말 그대로 눈물이 나오는 샘이지요. 눈물은 슬플 때나 아플 때도 나오지만, 그냥 눈을 깜박일 때도 나온답니다. 우리는 늘 2~10초 사이에 한 번씩 눈을 깜박이며 살거든요. 눈물은 눈꺼풀에 있는 큰 눈물샘에서 나옵니다.

그럼 눈물이 하는 일은 뭘까요? 눈물은 눈알을 이리저리 잘 움직이게 하고, 또 눈알에 묻은 먼지나 병균을 모아서 눈곱으로 만들기도 합니다. 눈물에는 소금 성분이 0.9% 들어 있어요.

그런데 이 눈물이 단지 0.9%의 소금물이 아니라는 게 중요합니다. 눈물에는 몸에 나쁜 세균을 없애는 물질이 들어 있어서 눈을 보호해 주거든요. 여러분도 느껴 본 적이 있을 것 같아요. 실컷 울고 나면 왠지 눈이 깨끗해진 것 같고, 콧속까지 시원해지지 않던가요? 어디 눈물뿐인가요? 우리가 흘

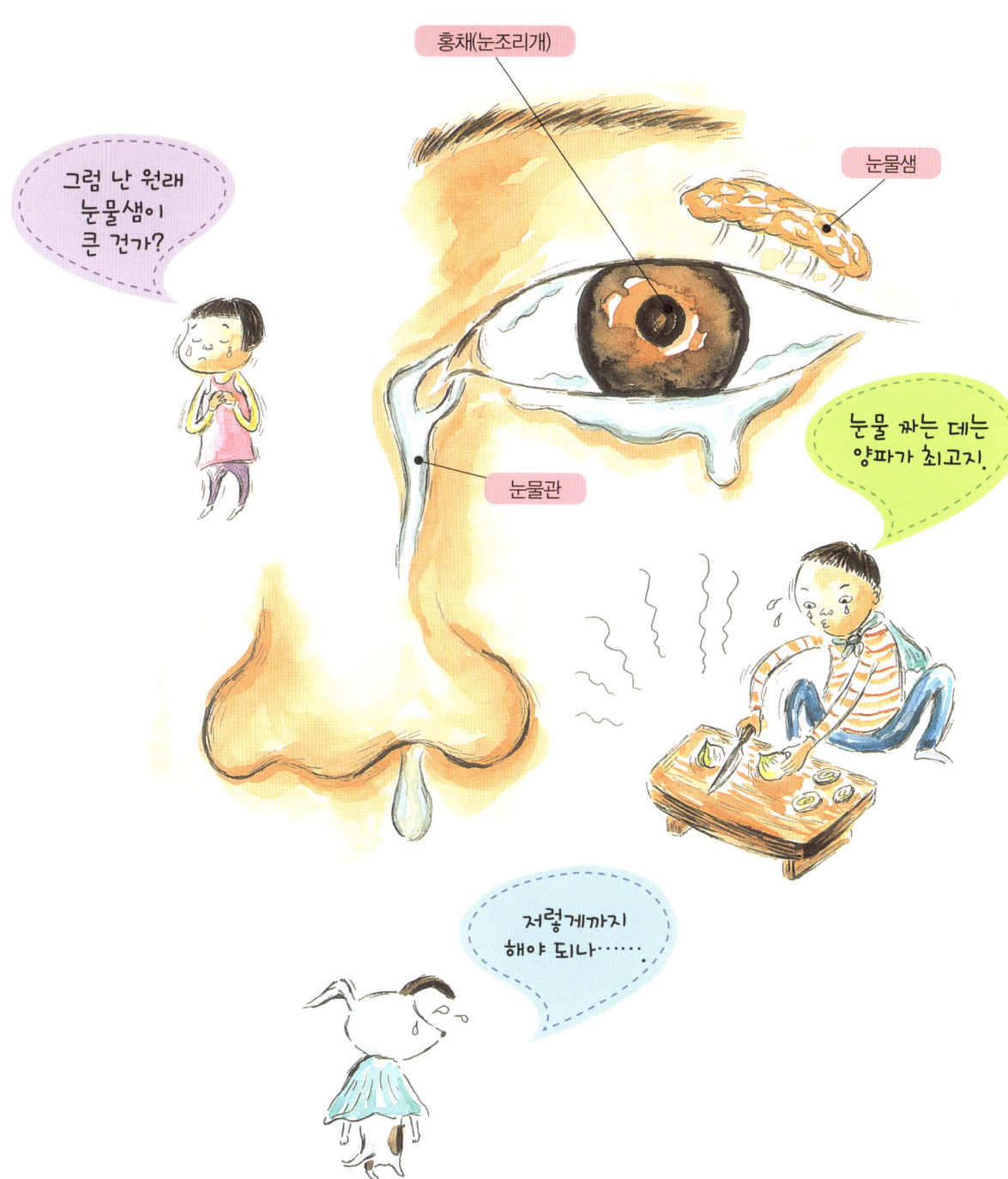

리는 침, 콧물에도 나쁜 병균을 없애는 물질이 들어 있답니다. 눈물과 침, 콧물은 다른 생물에게 무서운 독이 될 수도 있어요.

그리고 우리 눈은 0.1mm보다 작은 크기는 보지 못한답니다. 그것이 눈의 한계라고 할 수 있지요. 더 작은 것을 보려면 돋보기나 현미경으로 봐야 합니다.

그런데 한번 상상해 보세요. 만약에 100배로 잘 보이는 현미경 같은 눈을 가졌다면 어떤 일이 일어날까요?

그렇다면 아주 끔찍한 일이 생길 수 있답니다. 공중에 떠다니는 먼지가 100배로 크게 보일 테니 아마 눈을 제대로 뜨지도 못할 거예요. 눈앞에 콩알만 한 먼지들이 둥둥 떠다닐 테니까요. 또 냉면에 든 대장균이 올챙이만 하게 보인다면 누가 그 냉면을 먹으려고 할까요? 더군다나 냉면 한 가닥이 굵은 동아줄만 하게 보일 테니 입맛이 뚝 떨어지겠지요.

코안에 숨은 과학

코로 차가운 공기가 들어오면 코는 열을 내뿜어서 따뜻한 공기로 바꿔 허파로 보냅니다. 또 너무 건조한 공기가 들어오면 적당하게 습기를 머금은 공기로 바꿔서 허파로 보내지요. 다시 말해서 차가운 공기는 데우고, 더운 공기는 식혀서 허파에 들게 한다는 뜻입니다. 과연 콧속에 무엇이 들어 있길래 그럴 수 있을까요?

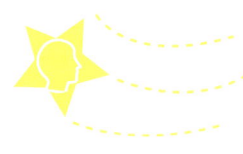

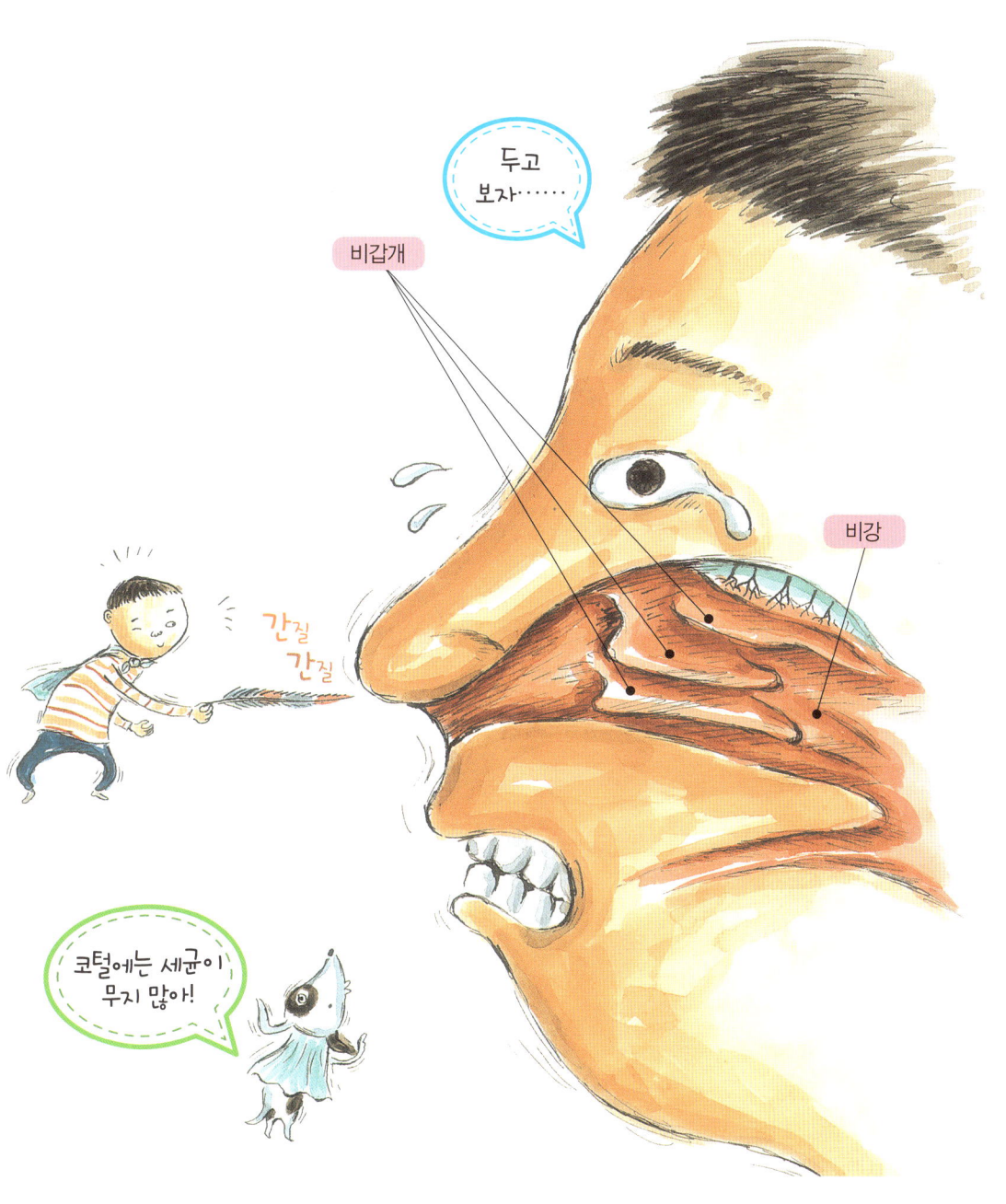

 ## 생김새도 여러 가지, 이름도 여러 가지

코는 얼굴 한가운데 솟아 있어서 눈에 가장 먼저 들어옵니다. 귀, 눈, 입, 그리고 코가 곱게 어우러져야 잘생긴 얼굴이라고 하는데, 저 혼자 오뚝 솟아 있는 코가 얼마나 중요하겠어요. 그래서 그런지 사람들은 코에 관심이 아주 많습니다. 너무 낮아도 문제, 너무 높아도 문제, 펑퍼짐해도 문제, 너무 뾰족해도 문제 삼지요.

옛 어른들은 코를 '코빼기, 코쭝배기'라고도 했어요. "너 요새 통 코빼기도 안 보이는구나."라고 하면 오랫동안 연락이 없었다는 말이 됩니다.

그 밖에도 코에는 재미난 비유가 참 많아요. 으스대고 뽐낼 때는 "코가 높다."라고 하고, 건성으로 대답하면 "코대답한다."라고 합니다. 또 마음 씀씀이가 몹시 고약할 때는 '눈 감으면 코 베어 갈 세상'이라고 한숨짓기도 하지요. 그런가 하면 어떤 일에 시달려서 몸과 마음이 힘들어질 때 "코에서 단내 난다."라거나, "코털이 센다."라고도 합니다.

코에 얽힌 말이 참 많기도 하지요? 남의 말을 들은 척도 안 하면 "콧방귀를 뀐다."라고 하는데, 그럼 '코 묻은 돈'은 무슨 뜻일까요? 한번 알아맞혀 보세요.

그리고 코에도 생김새가 여럿 있어서 이름도 제각각입니다. 한번 들어 볼래요? 콧등이 뾰족한 칼코, 펑퍼짐한 빈대코, 올록볼록한 딸기코, 한쪽으로 드러누운 뺑코, 뻗지른 매부리코가 있어요. 많이 들어 봤지요? 또 여러분이 잘 아는 돼지코에다 뭉툭한 주먹 하나를 올려놓은 듯한 주먹코도 있습니다.

 **날씨가 추워지면 왜 코끝이 빨개질까?**

그럼 좀 더 자세하게 코에 대해 알아보도록 합시다.

얼굴 위에 봉곳하게 솟은 콧등과 양쪽 귓바퀴는 연골, 즉 물렁뼈로 되어 있습니다. 한번 만져 보세요. 무릎이나 팔꿈치를 만져 보면 아주 딱딱하지만, 코나 귀의 물렁뼈는 물렁물렁하면서도 탄력이 있지요. 물렁뼈에는 핏줄이 많지 않아서 피가 적게 흐른답니다. 또 지방이 적어서 온도가 낮아요. 그래서 갑자기 뜨거운 데 손이 닿으면 저도 모르게 손이 귓바퀴로 올라갑니다. 날씨가 추울 때 왜 딸기코가 되는지도 이제 분명해졌어요. 코 역시 귓바퀴처럼 지방이 많지 않아서 열을 빨리 빼앗기기 때문이랍니다.

코는 우리가 손으로 만질 수 있는 바깥 코와 그 안의 비어 있는 터인 '비강', 그리고 이 비강에 잇닿아 여러 뼈에 뻗어 있는 '부비강'으로 나뉜답니다. 그리고 비강을 가운데 칸막이가 나누고 있으니 그 막을 '코청'이라고 해요. 여러분도 손가락을 넣어 보면 만져 볼 수 있지요.

예전에는 송아지가 자라서 뿔이 날 즈음이면 둥그렇게 구부린 물푸레나무 코뚜레로 송아지의 코청을 뚫고, 거기에다 된장 한 줌을 푹 찍어 발라 주었습니다. 너무 아파서 펄펄 뛰던 송아지 모습이 지금도 생생하게 떠오

릅니다.

그리고 코안에는 코털이 빽빽하게 얽혀 있어요. 여러분한테도 있지만, 지금은 잘 보이지 않을 거예요. 좀 더 자라면 확인할 수 있겠지요. 그럼 코털은 도대체 무슨 일을 하는 걸까요?

코털은 숨을 들이쉴 때 공기에 묻어 들어오는 먼지 알갱이를 거르는 구실을 한답니다. 게다가 미끈한 액체가 늘 묻어 있어서 코로 들어온 먼지 가루를 죄다 달라붙게 만들어요. 더 작은 먼지 알갱이나 몸에 나쁜 세균도 찰싹 달라붙게 하지요. 그것들이 달라붙어 마른 것이 바로 코딱지랍니다. 코딱지가 어떻게 생기는 건지 알겠지요?

콧구멍으로 들어온 공기는 코청 사이의 양쪽 비강으로 나뉘어 흘러들어가요. 그러고는 3층으로 된 선반 모양의 칸막이, 즉 '비갑개'를 지나갑니다. 이 비갑개가 어떤 일을 하는지, 우리 몸이 얼마나 신비로운지 한번 보세요.

# 비갑개는 자동 온도 조절 장치

춥고 건조한 겨울엔 실내에서 난방기와 가습기를 틉니다. 겨울에 마스크를 하는 것과 날씨가 건조할 때 젖먹이 아기 방에 젖은 빨래를 널어 두는 것도 같은 까닭이에요. 코를 통해 차가운 공기가 들어오면 비갑개는 열을 내뿜어서 따뜻한 공기로 바꿔 허파로 들여 보낸답니다. 또 너무 건조한 공기가 들어오면 적당하게 습기를 머금은 공기로 바꿔서 허파로 보내지요.

다시 말해서 차가운 공기는 데우고, 더운 공기는 식혀서 허파에 들게 한다는 뜻입니다. 아마 허파가 너무 차거나 더운 공기를 만나면 다치기 쉬우니까 그렇겠지요?

그걸 알면 인종에 따라 코가 왜 다르게 생겼는지도 잘 알 수 있답니다. 이란이나 이라크처럼 건조한 곳에 사는 사람이나 러시아처럼 추운 데 사는 사람들의 코는 어떻게 생겼을까요? 이라크는 공기가 메마른 곳이고, 또 러시아는 아주 추운 곳이어서, 그런 데서 오랫동안 살아온 사람들은 자연히 콧등이 높고 긴 코주부가 되었답니다. 그런가 하면 아프리카처럼 더운 열대 지방 사람들은 코가 짧고 작지요. 습기가 많고 온도가 높은 곳에 사는 사람들의 콧등은 높을 까닭이 없으니까요. 코가 납작하거나 우뚝 솟은 것도 다 환

경에 따라 적응한 결과라는 것, 잘 알겠지요?

만약에 사람이 냄새를 맡지 못하면 어떤 일이 일어날까요? 아마 음식 맛을 조금도 모를 게 분명합니다. 혀로 맛을 느끼는 것과는 분명히 다르니까요. 솥에 안친 밥이 다 타고 있는데 그걸 모르고 있다면 큰일이겠지요? 아무튼 콧속에는 60만 개가 넘는 후각 세포가 퍼져 있어서 온갖 냄새를 알아 낸답니다. 더욱 놀라운 것은 사람이 1만 가지나 되는 냄새를 구별할 수 있다는 거예요.

코를 이야기하는 데 감기를 빼놓을 수는 없습니다. 아무리 콧대 높은 사람도 감기에 걸리는 법이니까요. 코감기에 걸려 수시로 코를 풀면서 "도대체 이 많은 콧물이 다 어디서 나오는 거야?" 하며 불평해 본 친구도 분명 있을 거예요.

감기 바이러스가 코로 들어와 상처를 내면 우리 몸은 자연스럽게 나쁜 바이러스를 없애려고 합니다. 그래서 평소보다 더 많은 콧물을 흘려보내게 되지요. 병균을 씻어 내느라 흘리는 콧물이니 억지로 약을 먹는 것보다는 그대로 두는 게 좋답니다. 건강한 사람은 콧물감기쯤이야 너끈히 견뎌 낼 수 있어요. 감기는 바이러스라 그것을 잡는 약이란 아예 없답니다. 몸을 쉬는 것이 바로 감기 잡는 약이지요.

 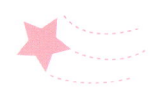

귀는 참 연약해

귀는 왜 가려워질까요? 혹시 귀지 때문일까요? 귀가 가려운 것은 귓속에 사는 곰팡이 때문입니다. 귀는 아주 연약해서 상처를 입기 쉬워요. 그러니까 웬만하면 성냥개비 같은 것으로 후비거나 하면 안 된다는 뜻입니다. 아무리 가렵더라도 말이지요.

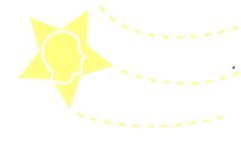

귓바퀴

겉귀 길

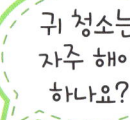

귀 청소는 자주 해야 하나요?

 아무리 가려워도…….

"귓구멍에는 자기 팔뚝보다 작은 것은 아무것도 넣지 마세요."

이 말이 무슨 뜻인지 아는 어린이라면 벌써 귀에 대해 많이 아는 게 틀림없습니다. 그래요, 귀는 아주 약해서 상처를 입기 쉽거든요. 그러니까 웬만하면 무엇을 넣거나, 후비거나 하면 안 된다는 뜻입니다. 아무리 가려워도 말이지요.

그럼 귀는 왜 가려워질까요? 귀가 가려운 것은 귓속에 사는 곰팡이 때문이랍니다. 하지만 너무 걱정은 마세요. 누구한테나 다 있으니까요. 그러니까 귀이개나 성냥개비 같은 걸로 마구 귀를 후비면 상처가 난 자리에 무서운 곰팡이가 달려들어 자리를 잡는답니다. 마치 여린 피부에다 대고 때수건으로 빡빡 미는 것과 똑같아요.

그럼 귀 안에 쌓이는 귀지는 어떻게 하느냐고요? 그림을 보면서 읽어 보세요.

귓밥, 즉 귀지란 겉귀 길에 있는 샘에서 나오는 액체, 죽은 세포, 그리고 찌든 먼지가 더께를 이뤄 생긴 것이랍니다. 인종이나 사람에 따라서 바싹 마른 귀지와 물기가 있는 귀지 두 가지 중 한 가지를 가지게 돼요. 하지만 너무 걱정하지 않아도 된답니다. 다행스럽게도 귀지는 안으로 들어가지 않고 바깥으로 조금씩 밀려 나오게 되어 있으니까요. 그러니 애타게 귀이개로 파낼 필요가 없는 것입니다.

어쩌다 하루살이 같은 곤충이 우리 귓속으로 들어가 귀지를 먹으면 어떻게 될까요? 그렇다면 곤충에게는 큰일입니다. 귀지는 독약과 같아서 벌레들

이 조금만 먹어도 죽고 말거든요. 귀에 귀지가 나뒹굴면 좀 지저분하니까 그거나 청소해 주면 충분하지요.

우리는 귀가 길게 늘어져 귓불이 축 처진 사람을 '부처님 귀, 복이 있는 귀'라고 해서 많이들 좋아합니다. 하지만 서양 사람들은 귀가 큰 사람을 "당나귀 귀, 못난이 귀!"라고 하면서 바보에 비유하지요. 당나귀는 귀가 큰 동물이잖아요. 서양 만화나 그림에 당나귀가 나오면 그것은 바보 이야기를 하는 것으로 보면 거의 맞습니다.

귓바퀴가 하는 일

다음은 귓바퀴를 봐요. 귓바퀴는 보통 '귀때기'라고도 합니다. 앞에서도 말했지만, 귓바퀴는 탄력이 있는 물렁뼈로 되어 있어요. 만약 이것이 딱딱한 뼈로 되었더라면 어떻게 되었을까요? 대부분의 사람들은 아마 다 부러져서 남아 있는 사람이 없을 것입니다. 레슬링 선수의 귀를 한번 떠올려 보세요. 코도 마찬가지랍니다.

귓바퀴는 소리를 모으는 일을 해요. 소리를 잘 듣지 못하는 사람들이 손바닥을 오므려 귀에다 대고 듣는 것만 봐도 알 수 있지요. 개나 고양이 같은

동물은 소리가 들려오는 쪽으로 귓바퀴를 움직여 소리를 듣습니다. 하지만 사람은 귀를 움직이는 근육이 퇴화되어 그럴 수는 없답니다. '퇴화'란 말은 쓰지 않다 보니 못쓰게 되었다는 뜻이에요.

혹시 여러분은 보았나요? 아직도 귀를 조금씩 움직이는 사람이 있기는 하답니다. 하지만 그건 자꾸 연습을 하다 보니 어느 정도 되는 것뿐이에요. 사람은 귓바퀴 안쪽에 주름이 있어서 소리가 미끄러져 날아가는 것을 막고 소리를 모아 듣는 것이지요.

 **귓속으로 들어가 보자**

귀는 겉귀, 가운데귀, 속귀로 나눌 수 있습니다. 우리가 여태 이야기한 건 겉귀에 대한 것이었어요. 그럼 귓속으로 좀 더 깊이 들어가 봅시다.

귓바퀴에 모인 소리는 겉귀를 지나 '고막'을 진동하게 합니다. 고막은 '귀청'이라고도 하는데, 두께가 0.1mm밖에 안 되는 아주 얇은 막이에요.

"얘, 귀청 떨어지겠다!"

여러분도 이런 말 많이 들어 봤지요?

어릴 때부터 소음에 시달리다 보면 나중에는 이 막이 탄력을 잃어서 귀머

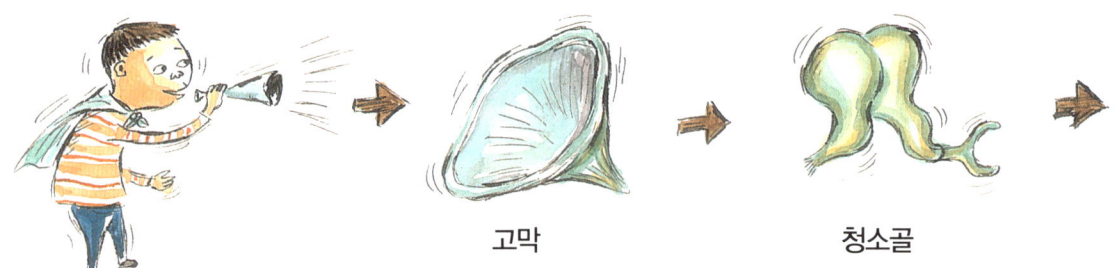

고막   청소골

거리가 될 수도 있답니다. 음악을 듣는다고 늘 이어폰을 귀에 끼고 다니는 사람들을 보면 참 안쓰러워요. 그렇잖아도 여린 귀가 얼마나 힘들겠어요. 안 그래도 나이가 들면 귀도 따라 늙는데 말입니다.

소리가 들어와서 고막이 진동하면 거기에 붙어 있는 '청소골' 3개가 소리를 '달팽이관'으로 전달합니다. 그러면 달팽이관 속 '림프액'이 떨면서 청신경을 자극해 대뇌에서 소리를 느끼게 하지요. 여기서 하나 눈여겨볼 것은, 처음엔 공기(기체)를 타고 들어온 소리가 청소골인 뼈(고체)를 지나고, 나중에는 림프액(액체)으로 흐른다는 것입니다. 신기하지요?

또 가운데귀는 '유스타키오관'을 통해서 목구멍과도 이어져 있습니다. 여러분 같은 어린이가 감기 때문에 기침을 많이 할 때는 귀를 잘 들여다봐야

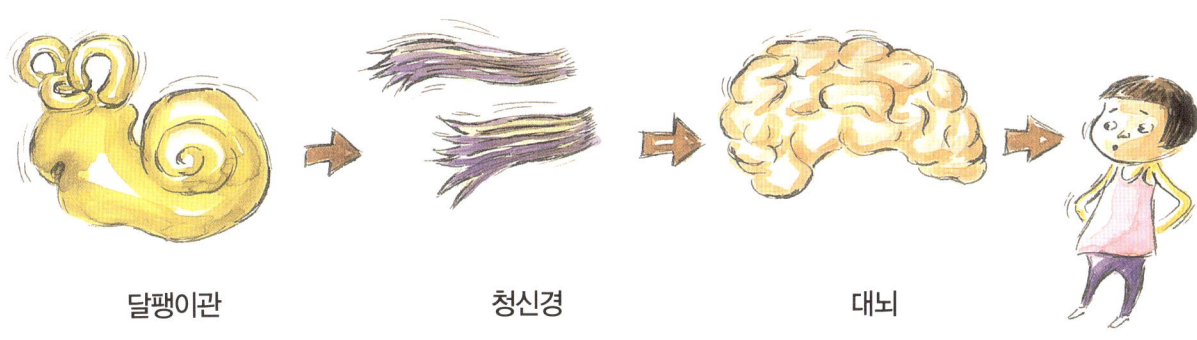

달팽이관　　　　　청신경　　　　　대뇌

한답니다. 목구멍에 있던 병균이 이 관을 타고 올라와서 '중이염'을 일으키기도 하거든요. 결국 우리 몸은 어느 하나도 뚝 떨어져 있는 건 없습니다. 모두 하나로 이어져 있지요.

또 속귀에는 우리 몸이 한쪽으로 기울어지지 않도록 돕는 '전정 기관'과 어지럼증을 담당하는 '세반고리관'이 있답니다. 그래서 몸을 제대로 가누지 못하거나 어지럼을 많이 느낄 때는 속귀를 의심해 보고 이비인후과를 찾아야 해요. 이제 알겠지요? 귀는 듣는 일 말고도 몸의 평형이나 회전을 유지하는 데도 중요한 몫을 맡고 있답니다.

마지막으로 한 가지만 더 이야기할게요. 여러분은 녹음기나 방송에서 나오는 자기 목소리를 들어 본 적 있나요? 들어 본 적이 있는 친구라면 목소리가 좀 이상하게 들려서 내 목소리가 이랬나 하고 놀랐을 것입니다. 왜 그럴까요?

그 까닭은 이렇습니다. 보통 때는 목 안에 있는 성대에서 나온 목소리가 뼈를 통해 바로 위에 있는 귀로 전달되어 듣는 것이지만, 녹음한 것은 입으로 나간 소리가 녹음되어 다시 듣는 것이니까 아주 다른 소리로 들릴 수밖에 없는 거예요. 결국 남이 듣는 내 목소리와 내가 듣는 내 목소리가 다르답니다.

입은 오늘도 바쁘다

입에 대해서는 할 이야기가 참 많아요. 사람마다 제각각 다른 입술도 있고, 이도 있습니다. 그런가 하면 혀도 있고 훌륭한 소화제인 침도 있으니까요. 입이 얼마나 중요하고 바쁘게 일하는지 여러분은 잘 알고 있을까요?

입술은 왜 붉은 거지?

나의 행복이 시작되는 곳…….

 입술은 어떻게 생겨났을까?

자, 이제 입에 관한 이야기를 할 차례입니다. 입에 대해 알려면 가장 먼저 입술에 대해 알아야겠고, 그다음엔 이에 대해, 마지막으로 혀에 대해 알아야겠지요. 덧붙여서 침 이야기도 해 볼게요.

입술도 사람마다 모두 다르게 생겼습니다. 너무 얇아서 마치 살이 모자라

만들다 만 것 같은 얇은 사람도 있고, 두툼하면서도 툭 튀어나온 흑인들의 입술도 있지요. 또 입술을 보면 그 사람이 얼마나 건강한지도 알 수 있습니다. 입술에 윤이 나고 연분홍빛이 돌면 건강하다는 뜻이지만, 파르스름하거나 핏기가 없으면 몸이 좋지 않다는 뜻이 되지요.

자, 거울 앞으로 가서 손으로 아랫입술을 잡고 밖으로 한번 까뒤집어 보세요. 틀림없이 뭔가 새로운 사실을 알게 될 테니까요. 어디, 자세히 보았나요? 밖으로 나온 입술과 입안 속살이 똑같지요? 색깔도 똑같고 생김새도 똑같지요? 맞아요. 입술이란 입안의 근육 일부가 바깥으로 말려 나온 것이랍니다. 입술을 일부러 안으로 넣고 입을 꽉 다물면 입술이 보이지 않아요. 그 말은 입술이 처음부터 따로 만들어진 게 아니라는 뜻이랍니다.

아무튼 입술에는 실핏줄이 많아서 그렇게 불그레한 빛이 도는 것입니다. 또 몸이 좋지 않으면 입술에도 신호가 오는데, 피가 흠뻑 돌지 못해 파르스름해지는 거지요. 또 입술이 없으면 입을 다물지 못할 테니 이가 얼마나 시릴까요? 생각해 보면 우리 몸의 어느 것 하나 귀하지 않은 것이 없답니다.

입술을 열면 그 안에는 이가 "나 여기 있는데요." 하고 모습을 드러냅니다. 짧은 이야기를 한 토막 해 볼게요.

어느 날 입이 화가 나서 이렇게 말했습니다.

"이는 말이야, 음식을 정성껏 씹고, 또 소화 잘되라고 침까지 섞느라 바쁜

데, 저 아래에 있는 위장은 하루 종일 빈둥빈둥 놀고만 있잖아? 흥, 이제 위장으로 음식을 안 내려보낼 거야."

그러고는 입은 아무것도 안 먹고 며칠을 지냈답니다. 입은 점점 힘이 빠져서 입술을 달싹할 수조차 없었어요. 그제야 입은 알게 되었대요.

"아, 기운 없어……. 아무래도 내가 말을 잘못한 것 같네. 그래 맞아, 우리 몸은 제각각 하는 일이 다를 뿐이야. 미안해 위장아……."

어금니 하나로 50kg을 떠받칠 수 있다

이가 얼마나 소중한지는 여러분도 잘 알지요? 이가 썩어 아파 본 친구라면 누구보다 잘 알 것입니다.

사람은 태어나서 젖니 20개로 지내다가 새로 난 간니 32개를 가지고 평생을 살아갑니다. 앞니 8개, 송곳니 4개, 앞어금니 8개, 뒤어금니 8개, 그리고 사랑니 4개로 되어 있어요. 그러니까 이가 소중한 걸 안다면 '3·3·3 법칙'을 잘 지켜야 합니다. 하루에 3번, 밥 먹은 뒤 3분 안에, 또 3분 동안 정성 들여 이를 닦으라는 말이지요. 벌써 다 알고 있다고요?

이의 겉은 희고 반짝이는 물질로 덮여 있습니다. 보통 '에나멜'이라고 하는

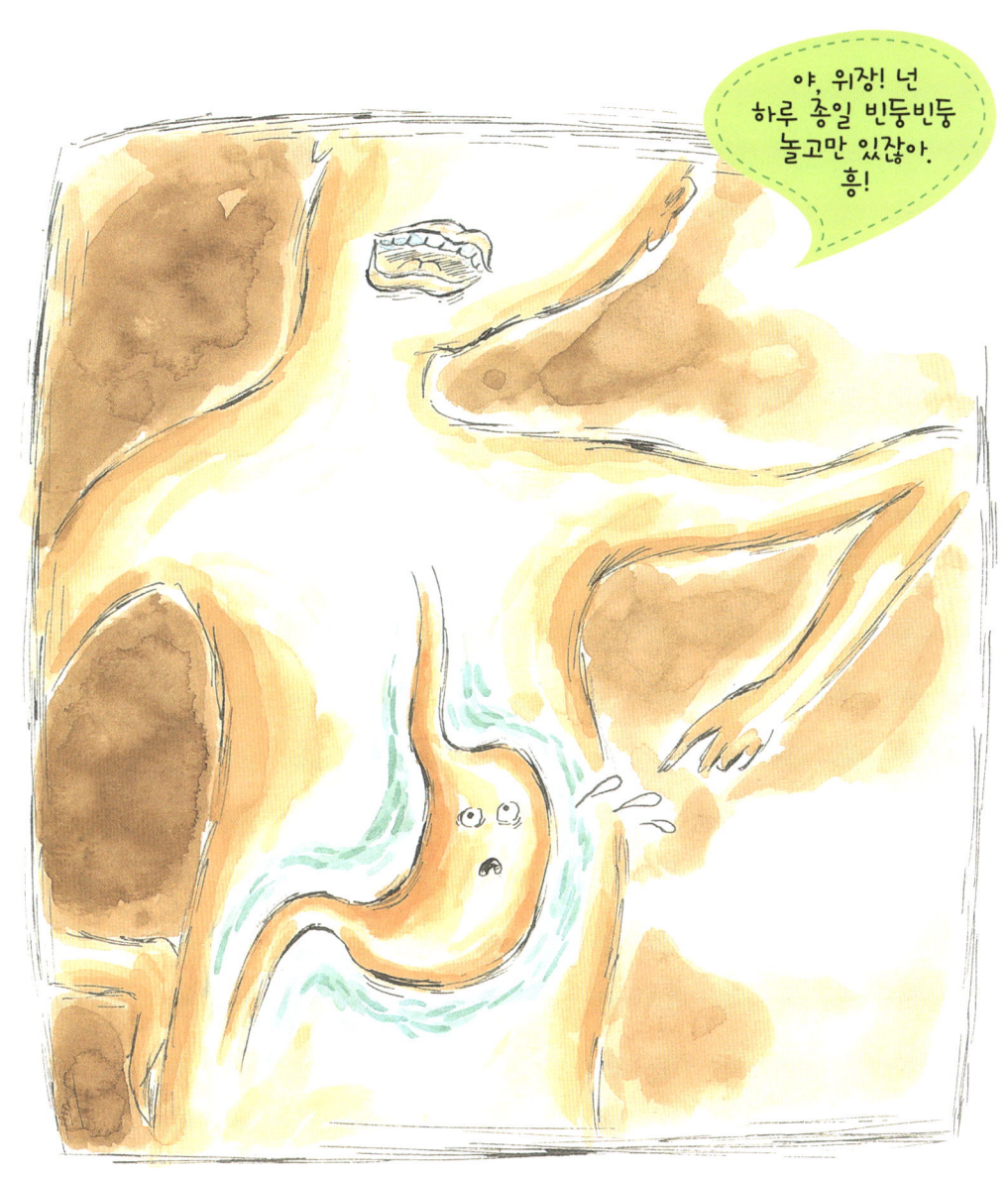

데, 이 에나멜이 우리 몸에서 가장 딱딱하답니다. 뼈보다 더 딱딱하대요. 하지만 이 에나멜도 거친 칫솔질에는 당하지 못하고 닳아 버리니까 조심해야 합니다. 이를 닦을 때는 이 사이에 낀 것을 닦아 낸다는 정도로 아래위로 부

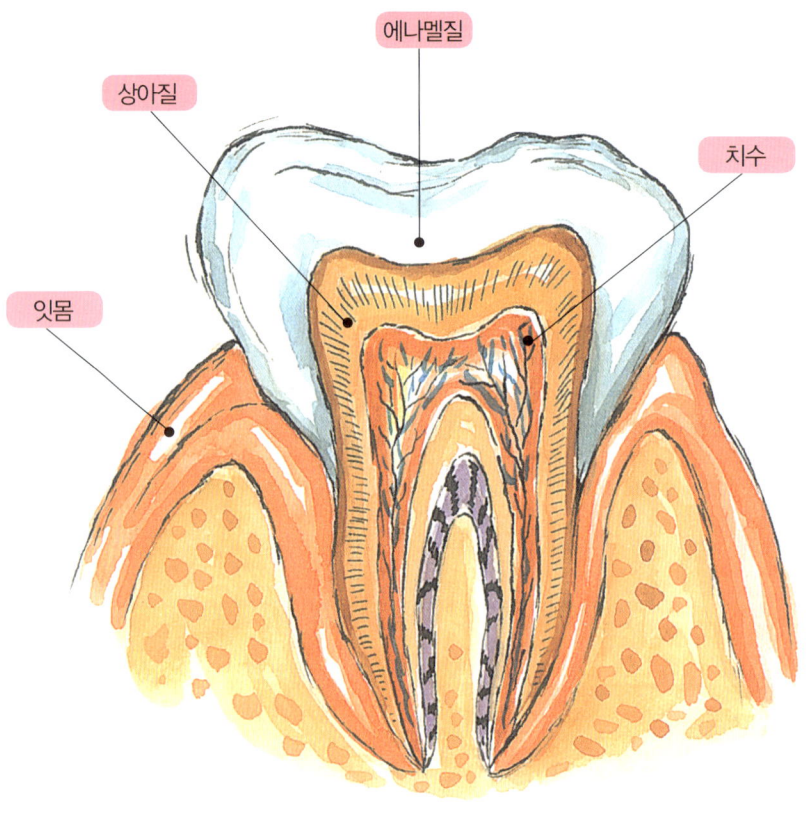

이의 구조

드럽게 문질러 줘야 해요.

여러분도 아는 것처럼 이가 주로 하는 일은 씹는 일입니다. 이는 아래와 위 턱뼈에 단단하게 박혀 있지만, 힘을 받으면 빠지기도 하고 부러지기도 한답니다. 하지만 걱정할 일은 아니에요. 놀랍게도 어금니 하나가 50kg이나 되는 무게를 떠받칠 수 있다고 하니까요.

자, 이를 딱딱 부딪쳐 가면서 먹는 시늉을 해 보세요. 이가 음식을 갈고 부수고 자를 때, 위아래 턱뼈가 모두 다 움직이는 걸까요, 아니면 어느 한쪽만 움직일까요? 어때요, 답이 나왔나요? 그렇습니다. 위턱은 움직이지 않고 아래턱만 열심히 움직이고 있지요.

여러분, 사람은 무엇이든 씹어서 먹지 않으면 살 수 없습니다. 나는 우리 친구들이 너무 물렁물렁한 것만 먹는 것 같아서 좀 걱정이에요.

"꼭꼭 씹어 먹어라!"

집에서 이런 말도 많이 들었죠? 천천히 꼭꼭 씹어 먹어야 소화가 잘되기도 하지만, 단단한 걸 자꾸 씹어야 이도 좋아지고 턱도 발달하는 법이랍니다. 머리도 그렇지만 이도 자꾸 써야 더욱 튼튼해지거든요.

 만약에 혀가 없다면!

다음은 혀로 넘어갑니다. 혀는 맛을 느끼고, 음식을 침과 섞고, 또 식도로 밀어 넣어 삼키게 하지요. 혀를 움직이지 말고 침을 한번 넘겨 보세요. 아무리 넘겨 보려고 해도 잘 안 되지요? 혀가 없으면 우리는 아무것도 먹지 못할 것입니다.

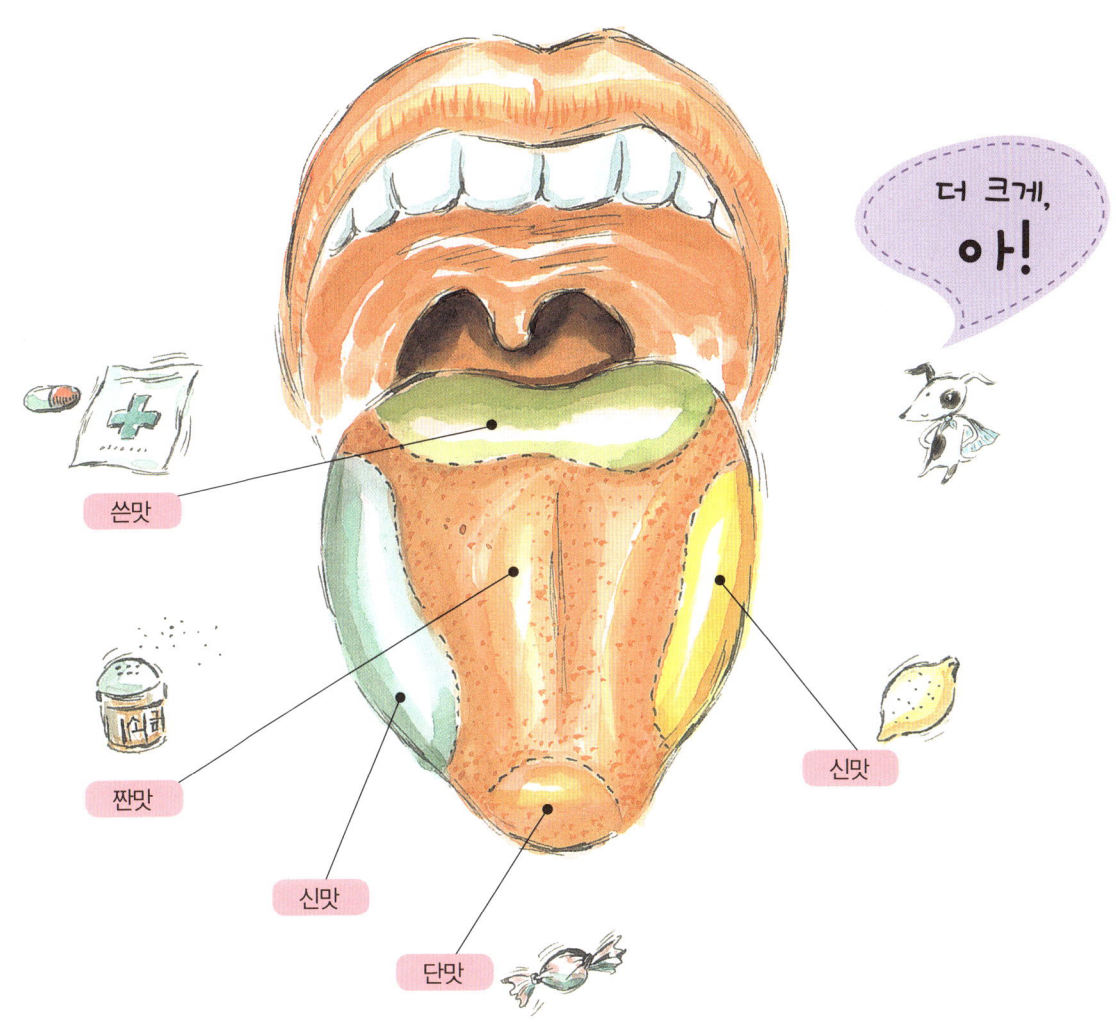

또 혀는 소리를 내는 데도 중요한 일을 한답니다. 혀가 짧으면 혀짤배기소리가 나잖아요. 한번 '바람 풍(風)' 하고 발음해 보세요. 어떤 친구가 '바담 풍'이라고 발음하면 그 친구는 혀가 짧은 친구랍니다. 어디 그뿐인가요? 혀는 사람의 마음을 나타내기도 하지요. 좀 창피한 일을 당했을 때는 혀를 쏙 빼 물기도 하고, 남을 놀릴 때는 '메롱' 하고 혀를 얄밉게 내보이기도 하잖아요.

뭐니 뭐니 해도 맛을 느끼는 데 없어서는 안 되는 게 바로 혀입니다. 혀끝은 단맛을 주로 느끼고, 혀뿌리는 쓴맛, 양쪽 가장자리에서는 주로 신맛을 느낀다고 해요. 짠맛은 혀 전체에서 골고루 느낄 수 있답니다. 그럼 매운맛은 혀의 어디에서 느낄까요? 잘 생각해 보세요. 모르겠다고요?

자, 여러분. 매운맛은 맛이 아니랍니다. 맵다는 것은 맛을 뜻하는 게 아니라 아프다는 뜻이거든요.

 **침은 힘이 세다!**

그럼 침 이야기로 넘어가 볼까요? 좀 지저분하다고요? 우리들 입에서는 날마다 1~1.5ℓ나 되는 침이 나오고 있답니다. 많기도 하지요? 침이 얼마나 훌륭한 일을 하는지 곧 알게 될 거예요.

우리들 입에는 언제나 침이 돕니다. 그래서 입안이 마르지 않고 늘 촉촉한 거예요. 이가 음식을 씹기 시작하면 침은 더 많이 나오게 됩니다. 먹은 음식은 침과 섞이지 않으면 목구멍으로 넘어가지 못하거든요. 침은 모두 세 군데에서 나옵니다. 귀밑샘, 턱밑샘, 혀밑샘이 바로 그곳이지요. 이 3개를 뭉뚱그려서 '침샘'이라고 합니다.

침은 재주 많은 소화제예요. 음식을 꼭꼭 씹어 먹을수록 침은 더 많이 나와서 소화를 돕는답니다. 혀가 없거나 이가 없어도 그렇지만, 침이 없어도 우리는 아무것도 먹을 수 없을 거예요. 음식을 넘길 수도 없고, 소화도 안 될 테니까요.

그럼 밥을 오래 씹으면 왜 단맛이 날까요? 침 속에는 훌륭한 소화제가 들어 있다고 했지요? 그 소화제가 바로 입으로 들어온 '녹말'을 '엿당'으로 바꿔 주는 것이랍니다. 녹말은 단맛이 없지만, 엿당은 아주 달콤하거든요. 그러니

까 밥을 꼭꼭 씹어 먹지 않고 그냥 물이나 국에 말아 먹으면 왜 소화가 잘 안 되는지도 이제 알겠지요?

그리고 침은 입안으로 들어온 병균을 물리치는 일도 한답니다. 든든한 문지기가 되는 거지요. 복잡한 도시에 살다 보면 온갖 먼지를 입으로 코로 마시게 되잖아요. 그래도 우리는 쉽게 병에 걸리지는 않습니다. 우리에게는 침이 있으니까요. 뱀이나 지네의 독이 그 동물의 침인 것은 여러분도 알지요?

마찬가지로 우리들의 침도 다른 생물에게는 독이 될 수 있습니다. 실제로 우리들 침 한 방울에 무서운 독을 지닌 지네도 맥을 못 춘다잖아요.

　나는 아직도 모기나 벌레에 물렸거나 가려울 때는 두말없이 침을 쓱 바른답니다. 침이 세균이나 곰팡이 같은 병균을 어느 정도 없애 주니까요. 침은 자연이 준 물파스도 되고 연고도 된답니다.

위에도 소화제가 있다

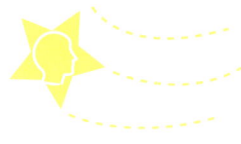

위장은 빈속일 때는 쪼그라들어서 주름이 져 있지만, 밥을 먹으면 활짝 펴집니다. 보통 사람이라도 1.5ℓ 넘게 담을 수 있다니까 굉장하지 않아요? 자그마치 1.8ℓ짜리 생수 한 통에 가득 든 물이 들어간다고 하면 짐작이 갈 것입니다.

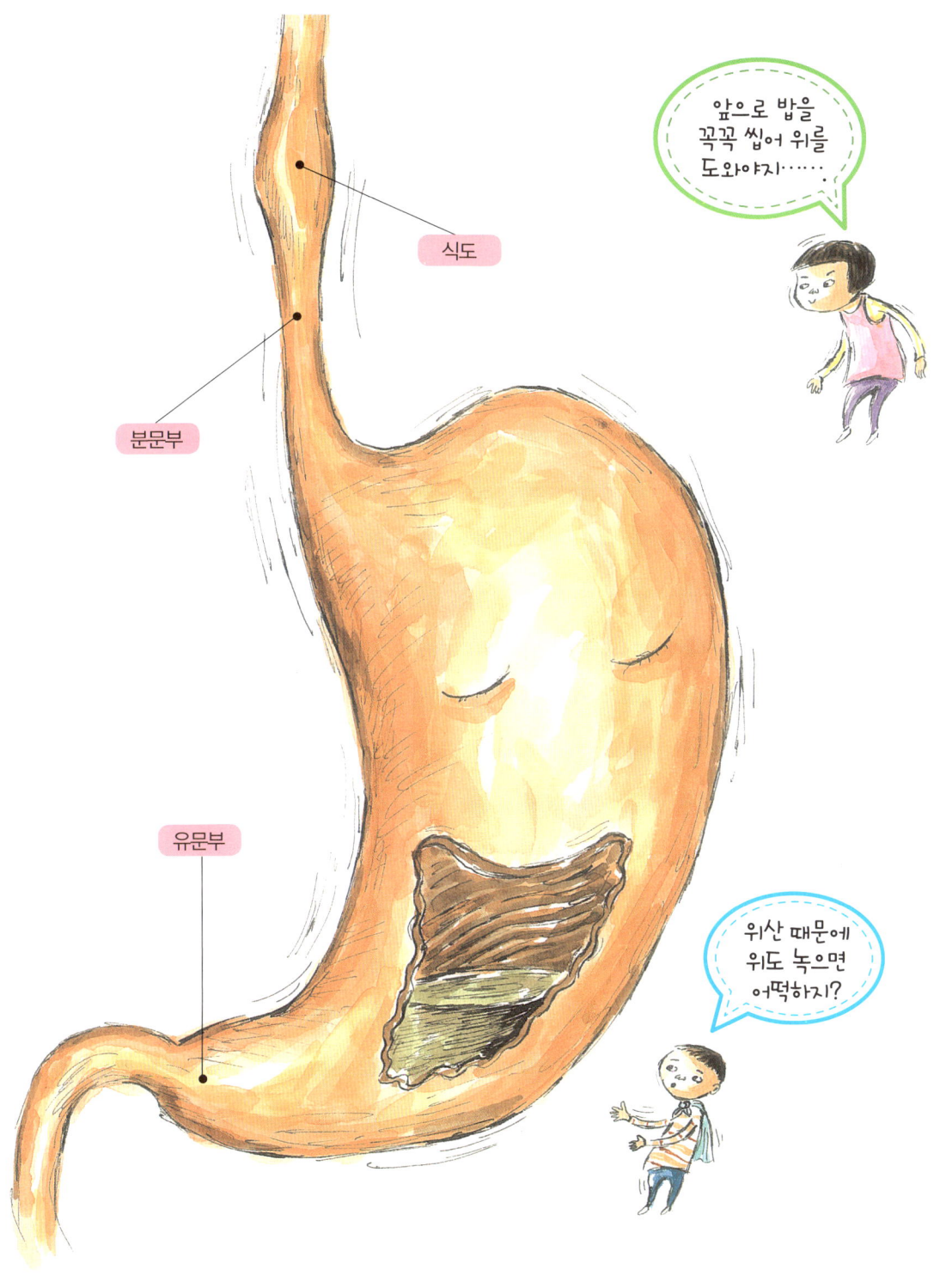

입천장에 달랑달랑, 저게 뭐지?

여러분, 이제 꼭꼭 씹어 삼킨 음식은 밥줄을 타고 위장으로 갑니다. 밥줄은 당연히 밥이 넘어가는 길, '식도'를 말하지요.

"식도가 밥줄이면, 위장은 밥통이에요?" 하고 물어볼 어린이도 있겠지만, '밥통'이란 밥만 많이 먹고 밥값을 못 하는 사람을 뜻하는 우스갯소리일 뿐입니다. 몸속 밥통은 다름 아닌 위장을 말해요.

앞에서 이야기했듯이 입에서 꼭꼭 씹은 음식을 넘기는 일은 혀가 합니다. 침을 천천히 삼키면서 한번 해 보세요. 혀뿌리로 목구멍을 지그시 누르면서 음식을 식도로 밀어 넣는 거예요. 혀를 가만히 두고, 그러니까 혀를 조금도 움직이지 말고 침을 삼켜 보세요. 도저히 안 되지요?

그런데 어쩌다가 그 음식이 식도가 아닌 숨관으로 넘어가는 수가 있답니다. 그럼 난리가 나지요. 왜냐고요? '숨관'은 밥이 넘어가는 데가 아니라 숨을 쉴 때 공기가 오가는 길이거든요.

"에취이!"

아마 여러분도 여러 번 그래 봤을 것입니다. 공기가 들어와야 할 곳에 갑자기 밥이 들어오니까 숨관 근육이 깜짝 놀라서 그런 거예요. 그래서 들어

온 음식을 갑작스럽게 밀어내다 보니까 이리저리 밥풀이 튀어나가는 것입니다. 심하면 코로도 밥풀이 나오기도 해요. 흔히 "사레들렸다."라고 하지요.

숨관 위쪽에는 '후두개'라는 뚜껑이 있어서 식도로 음식물이 넘어갈 때는 뚜껑을 닫게 되어 있답니다. 뚜껑이 닫히면 우리 몸도 숨쉬기를 잠깐 멈추게 되지요. 그런데 어쩌다가 여닫이가 잘못되면 그렇게 사레가 들리는 것입니다. 아까 그래 본 것처럼 침을 삼키면서 해 보세요. 꿀꺽하고 삼킬 때는 뭔가가 닫히는 느낌이 들고 숨도 안 쉬게 되지요?

이번에는 입을 쫙 벌리고 거울을 들여다보세요. 저 안쪽이 윗부분에 빨간 살점 하나가 달랑거리고 있지요? 바로 '목젖'입니다. 목젖은 무슨 일을 할까요?

목젖은 음식을 넘길 때 음식물이 코 쪽으로 들어가는 것을 막는 일을 한

답니다. 숨관이 막히고 코 쪽 문도 닫혀 버리니까, 음식은 오직 식도로만 내려가도록 되어 있어요. 역시 신기하지요? 잘 만들어진 우리 몸에 놀라지 않을 수 없습니다.

식도로 들어간 음식은 천천히 위장으로 내려갑니다. 웬만하면 거꾸로 나오지 않는답니다. 어쩌다가 꿀꺽 넘어간 사탕이나 알약이 안 내려가서 목이 뻐근해진 적 있지요? 그럼 물구나무를 서면 다시 나오게 될까요?

식도는 아주 느리게 꿈틀 운동을 한답니다. 꿈틀꿈틀 움직이면서 먹은 것을 아래로 내려보내는 거지요. 아무리 열심히 물구나무를 서도 사탕이나 알약은 다시 나오지 않는답니다. 어쩌다가 배탈이 났을 때는 손가락을 넣어서 억지로 음식을 빼내는데, 그때는 식은땀까지 나면서 몸도 마음도 힘들어지지요? 그걸 바로 "토한다."라고 합니다.

위장에 소화제가 있다

자, 이제 위장 속으로 들어가 봐요. 위장은 빈속일 때는 쪼그라들어서 주름이 져 있지만, 밥을 먹으면 활짝 펴진답니다. 보통 사람이라도 1.5ℓ 넘게 위장에 음식물을 담을 수 있다니까 굉장하지 않아요? 자그마치 1.8ℓ짜리 생수병에 가득 든 물이 들어갈 수 있다고 생각하면 짐작이 갈 거예요. 그리고 위장은 먹은 음식물을 넣어만 두는 데가 아니랍니다. 잘 보세요.

첫째, 위장은 이가 씹어서 굵직하게 잘리고 듬성듬성 부서진 음식물을 꿈틀꿈틀 움직여서 위액과 섞어 줍니다. 그래서 음식물 알갱이가 1mm도 채 안 되는 묽은 죽이 될 때까지 잘게 으깨어 주지요. 밥을 먹으면 보통 2~3시간, 고기를 먹으면 3~4시간 정도 위장 안에 머물게 됩니다. 그러고는 아래에 있는 소장으로 내려보내는 거지요. 소장으로 내려갈 때가 되면 배 속에서

위가 정말 늘어나나요?

는 '꼬르륵' 소리를 낸답니다. 그리고 단번에 내려보내는 게 아니라 15~20초 사이를 두고 조금씩 보내지요. 문을 닫았다 열었다 하면서 아주 천천히 내려보내요.

둘째, 침이 훌륭한 소화제인 것처럼, 위장에도 '펩신'이라고 하는 소화제가 있답니다. 위장도 하루에 1~1.5ℓ씩 위액을 만들어 내는데, 그 안에 섞여 있는 거예요. 위액은 식도에서 내려온 음식물과 잘 섞여서 소화를 돕는답니다. 소화란 음식물 가운데 우리 몸에 꼭 필요한 영양분을 분해하는 일이라고 보면 되지요. 그럼 영양분이 다 빠진 찌꺼기는 무엇이 될까요? 물론 똥이 되겠지요.

우리 몸에는 또 하나 신기한 게 있습니다. 음식물이 소화되는 곳에는 음식물이 마음대로 내려가거나 올라가지 못하게 하는 근육이 있어요. 이것을 '괄약근'이라고 합니다. 쉽게 말해서 누구에게나 있는 '똥꼬'를 생각하면 돼요. 식도와 위 사이에는 음식을 뒤로 못 넘어가게 하는 괄약근이 있고, 위장과 소장 사이, 소장과 대장 사이에도 있답니다. 중간중간에 댐이 있어서 음식물이나 배설물이 마음대로 내려가지 못하게 막는 거지요.

위장을 공격하는 세균, 헬리코박터

여러분도 그런 적이 있을까요? 속이 더부룩해지고 소화가 잘 안 되어서 목에서 신물이 올라오는 것 말입니다. 혹시 경험이 있다면 그 신물 때문에 목이 화끈거리고 코가 시큰시큰해지지 않던가요? 신물이 나는 까닭은 위장에 많이 든 '염산' 때문이랍니다. 아주 독성이 강해서 화장실 바닥에 덕지덕지 붙은 때를 녹일 정도라고 해요. 그러니 음식물에 묻어 들어온 병균이 살 수 있겠어요?

그런데 어떻게 위벽 세포는 독한 염산에도 끄떡없는 걸까요? 그 까닭은 '뮤신'이라는 단백질이 위벽을 두껍게 싸고 있어서 그렇답니다. 짜고 매운 음식을 먹어도, 아빠가 독한 술을 마셔도 어느 정도까지는 뮤신이 지켜 주는 거예요. 하지만 몸이 싫어하는 음식을 많이 먹고 점점 허약해지면 '헬리코박터'라는 세균이 나타나서 위장을 공격한답니다. 그러면 결국 뮤신도 힘을 못 쓰게 되지요. 그래서 위염에 걸리고 위궤양에 걸리는 것이랍니다.

위장이 튼튼해지려면 먹고 마시는 것도 중요하지만, 무엇보다 마음이 편해야 한답니다. 여러분도 마음껏 뛰놀지 못하고 공부 스트레스를 받으면 위장이 가장 먼저 싫어할 거예요. 그런데 위장은 싫다는 표현을 어떻게 하는 걸까요?

아마 움직임이 둔해질 겁니다. 꿈틀꿈틀 움직이면서 소화시키지 않고, 일하기 싫은 듯 꾸물거릴 게 분명합니다. 그렇게 되면 소화제가 들어 있는 위액도 잘 나오지 않을 거예요. 그보다 더 중요한 것은 먹고 싶은 생각이 별로 안 든다는 것이겠지요.

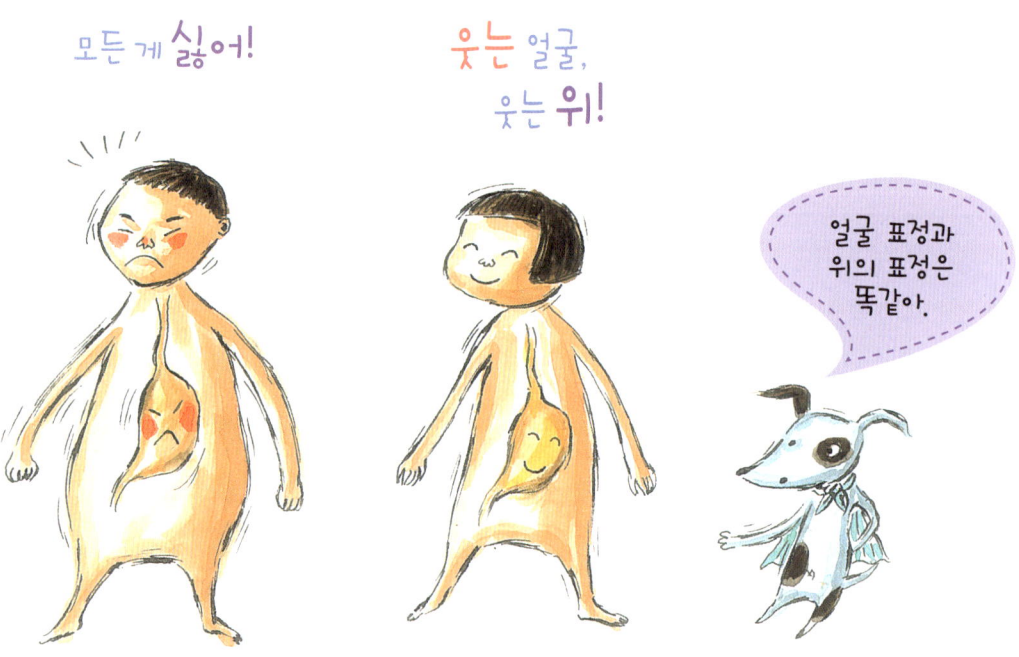

늘 웃으면서 즐겁게 사는 사람은 위장도 튼튼하고 건강하게 산답니다. 하지만 툭하면 화를 내는 사람은 자주 배가 아프다고 하지요. 왜 그런지 이제 알겠지요?

간을 다치면 큰일 난다

간이 하는 일은 어림잡아 500가지가 넘는다고 합니다. 그 말은 우리 몸에서 간이 없어지면 큰일 난다는 말과도 같은 뜻이에요. 그럼 간이 하는 가장 중요한 일은 무엇일까요? 그 일은 간이 하지 못하면 아무도 할 수 없는 일이겠지요?

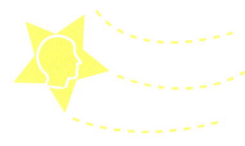

간이 떨린다!

# 몸이 추운데 왜 간이 떨릴까?

관심을 갖고 보면 우리 몸 가운데도 간을 다룬 속담이 꽤나 많습니다. 저한테 조금만 이로운 일이면 앞뒤 가리지 않고 아첨하는 걸 보고 "간에 붙었다 쓸개에 붙었다."라고 하고, 먹은 음식이 너무 적어서 배가 차지 않을 때는 "간에 기별도 안 간다."라고 하지요. 또 아주 두렵거나 무서워졌을 때는 "간이 콩알만 해졌다. 간담이 서늘하다."라고 하고, 겁 없는 사람에게는 "간이 부었다."라고 하잖아요. 그리고 춥거나 분할 때는 "간이 떨린다."라고 합니다.

그런데 참 이상합니다. 몸이 추운데 왜 간이 떨린다는 말이 생겼을까요? 여러분, 우리네 속담이나 옛 어른들 말씀은 과학의 눈으로 보아도 잘 맞아떨어지는 것들이 많답니다. 그야 물론 오랜 세월 이어져 내려온 생활의 지혜가 녹아들어 있기 때문일 거예요.

간이 떨린다는 말도 마찬가지입니다. 비바람이 몰아치는 날은 몹시 춥습니다. 그런 날에는 피부도 오싹오싹 추위를 느끼지만, 배 속에 있는 간도 추워서 덜덜 떨거든요. 그러면 간은 모아 둔 '글리코겐'을 분해해서 에너지를 냅니다. 보통 때보다 3~4배나 많이 내지요. 그래야 내장이 얼어 버리지 않을 테니까요.

우리 몸의 간은 오른쪽 갈비뼈 아래에 들어 있습니다. 그리고 바로 밑에 쓸개주머니가 붙어 있어요. 보통 때는 갈비뼈 밑에 손을 넣어도 만져지지 않지만, 정말 간이 부은 사람은 손끝으로도 만질 수 있답니다. 그리고 간은 무게가 1.5kg 정도 된답니다. 보통 어른 몸무게의 $\frac{1}{50}$ 정도나 되지요. 그만큼 간은 하는 일이 많습니다.

# 오직 간만이 할 수 있는 일

간이 하는 일은 어림잡아 500가지가 넘는답니다. 그 말은 우리 몸에서 간이 없어지면 큰일 난다는 뜻이기도 해요. 그럼 간이 하는 가장 중요한 일은 무엇일까요? 그 일은 간이 하지 않으면 아무도 할 수 없는 일이기도 합니다.

답은 두 가지입니다. 하나는 벌써 이야기했어요. 우리 몸에 필요한 영양소를 담아 두었다가 제때에 쓰는 일입니다. 몸이 추위를 느낄 때 에너지를 내서 내장을 보호한 것처럼 말이에요.

나머지 하나는 우리 몸에 안 좋은 성분을 가려 내 독을 없애는 일이랍니다. 그러니까 간은 우리 몸의 문지기 몫을 하는 거예요. 축구에서 골키퍼가 얼마나 중요한지 잘 알지요? 사람 입으로 들어간 음식물은 입에서 위장을 거쳐 소화가 되지만, 일단 그것들은 간을 거쳐 가게 되어 있답니다. 혹시라도 몸에 해로운 게 들어오면 간이 나서게 되는 거예요. 예를 하나 들어서 살펴볼까요?

사람이라면 누구나 오줌을 눕니다. 오줌을 누면 시큼한 냄새가 나지요? 그건 오줌에 섞여 나오는 '요소' 때문인데, 그것이 바로 지린내를 풍깁니다. 그런데 이 요소는 콩팥에서 만들어진 게 아니라 간에서 만들어진 거예요.

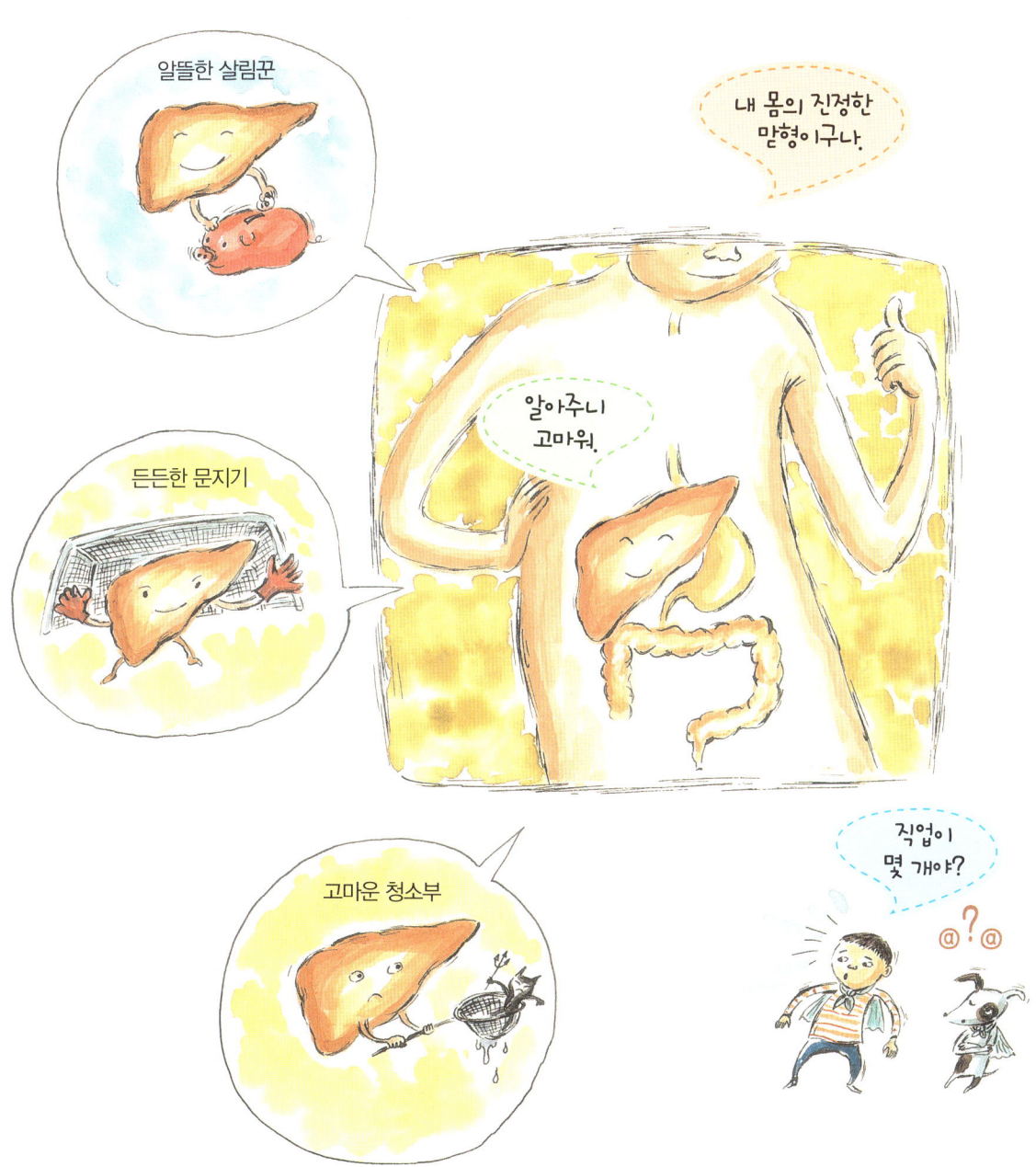

135

그럼 왜 간에서 요소가 만들어졌을까요? 그건 분명히 우리 몸에 안 좋은 게 생겼기 때문일 것입니다.

우리 몸에 꼭 필요한 세 가지 영양소는 탄수화물, 지방, 단백질입니다. 이들 가운데 단백질은 분해가 되면 이산화탄소와 물이 아닌 '암모니아'라는 걸 만들어 내요. 그런데 암모니아는 우리 몸의 세포들에게 아주 해롭답니

다. 그래서 간이 나선 거예요. 몸에 해로운 암모니아를 조금 덜 해로운 '요소'로 바꾼 것입니다. 그게 오줌으로 나오면서 냄새를 풍기는 거예요.

그럼 여기서 문제를 하나 낼게요. 고기를 좋아하고 많이 먹는 사람에게서 오줌 냄새가 더 날까요, 아니면 덜 날까요? 고기에는 단백질이 많으니까 당연히 더 많이 날 게 분명합니다.

똥오줌이 노란 까닭은?

여러분, 하루 종일 내가 뭘 먹었나 빼놓지 말고 하나하나 적어 보세요. 적어 보면 알겠지만, 우리는 정말 엄청나게 먹어 댄답니다. 그러니 간이 얼마나 바쁘겠어요.

간이 하는 아주 특별한 일 한 가지를 더 말해 보겠습니다. 피에 섞여 우리 몸 구석구석을 다니면서 산소를 날라 주는 적혈구 알지요? 간은 보통 120일 정도 살다가 죽는 '적혈구'까지도 분해를 해야 한답니다. 그러니 얼마나 힘들고 고단하겠어요. 술을 많이 마시는 어른들, 그리고 담배 피우는 어른들을 생각해 보세요. 술과 담배 때문에 생긴 나쁜 것들도 간이 다 해독하고 있거든요. 그런데도 어른들은 자기 간이 이렇게 힘든 줄을 잘 모르고 있는 것 같습니다.

  조금 전에 이야기한 적혈구 이야기가 참 재미있어요. 적혈구는 골수, 즉 뼛속에서 만들어지는데, 어림잡아 120일 동안 제가 맡은 일을 하고 나면 간이나 지라에 가서 죽는답니다. 적혈구가 죽으면 그 속의 '헤모글로빈'도 같이 분해되는데, 분해된 헤모글로빈이 바로 '빌리루빈'이에요. 이 빌리루빈은 간에서 쓸개로 내려가 똥에 섞이거나, 콩팥을 지나 오줌에 섞여 몸 밖으로 나

갑니다. 그런데 이 빌리루빈 색깔이 노랗대요. 똥오줌이 누르스름한 것은 바로 적혈구가 간에서 분해되어 생긴 빌리루빈 때문이지요.

자, 이번에는 약 이야기를 해 보겠습니다. 간을 이야기하면서 약 이야기를 안 할 수 없거든요. 감기약, 두통약, 회충약……. 우리는 그동안 얼마나 많은 약을 먹으며 살았던 걸까요?

병원에서 준 처방전을 가지고 약국에 가면 약을 줍니다. 그런데 약봉지를 잘 보면 보통 이렇게 쓰여 있어요.

'하루에 세 번. 밥 먹은 뒤 30분.'

이 말은 하루에 세 번 먹되 밥을 먹고 30분쯤 지나서 먹으라는 뜻입니다. 왜 그럴까요? 그건 바로 약 속에 든 독성을 간이 풀어 주기 때문이랍니다. 그렇게 시간 간격을 두지 않고 약을 먹으면 간이 너무 힘들어서 일을 못 하거든요. 아침에 약을 먹고 다시 점심에 먹을 때까지 간은 약에 든 독성을 풀 시간이 필요하답니다. 만약에 간이 약을 분해하지 못하면 어떤 일이 벌어질까요? 정말 무섭고 섬뜩한 일이 생길 수도 있습니다. 한 번 먹은 수면제 때문에 영원히 잠에 빠질 수도 있으니까요.

여기서 꼭 알아 두어야 할 게 있습니다. 감기약이든, 어른들이 마시는 술이든 그걸 분해하면서 간세포들은 큰 상처를 입는다는 사실입니다. 이 세상에 '명약'이라고 소문난 약도 모두 마찬가지예요.

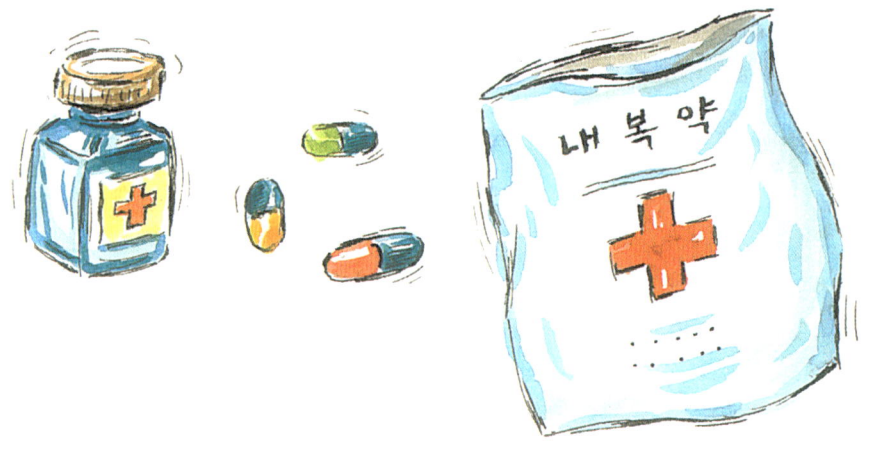

　여러분, 조금 아프다고 약을 먼저 찾으면 간이 싫어할 것입니다. 웬만하면 약 없이 이겨 내는 게 가장 좋아요. 그래야 몸이 더 튼튼해질 것입니다. 약 없이 스스로 병을 이겼으니 얼마나 자랑스럽겠어요. 자, 모두들 힘차게 외쳐 봅시다.

　"약은 독이다!"

　참, 말이나 노루, 고라니에게는 쓸개가 없답니다. 왜 그럴까요? 쓸개는 초식 동물, 즉 풀을 먹고 사는 동물에게는 그다지 중요하지 않다는 뜻입니다.

간을 위하여!

없어도 되니까 생기지 않은 거예요. 간에서 만들고 쓸개에서 저장하는 소화제, '쓸개즙'은 주로 고기에 든 '지방'이 잘 소화되도록 돕는 일을 하거든요.

소장도 쉴 틈이 없다

소장에 병이 생기지 않는 이유는 과연 뭘까요? 유난히 부지런해서 그런 걸까요? 말없이 힘든 일을 하지만, 소장은 늘 건강하게 지낸답니다. 우리 몸의 소장에 대해 더 깊이 연구해 보면 혹시 병 없이 살 수 있는 어떤 길이 나오지 않을까요?

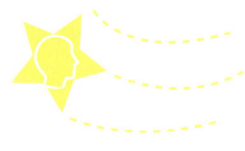

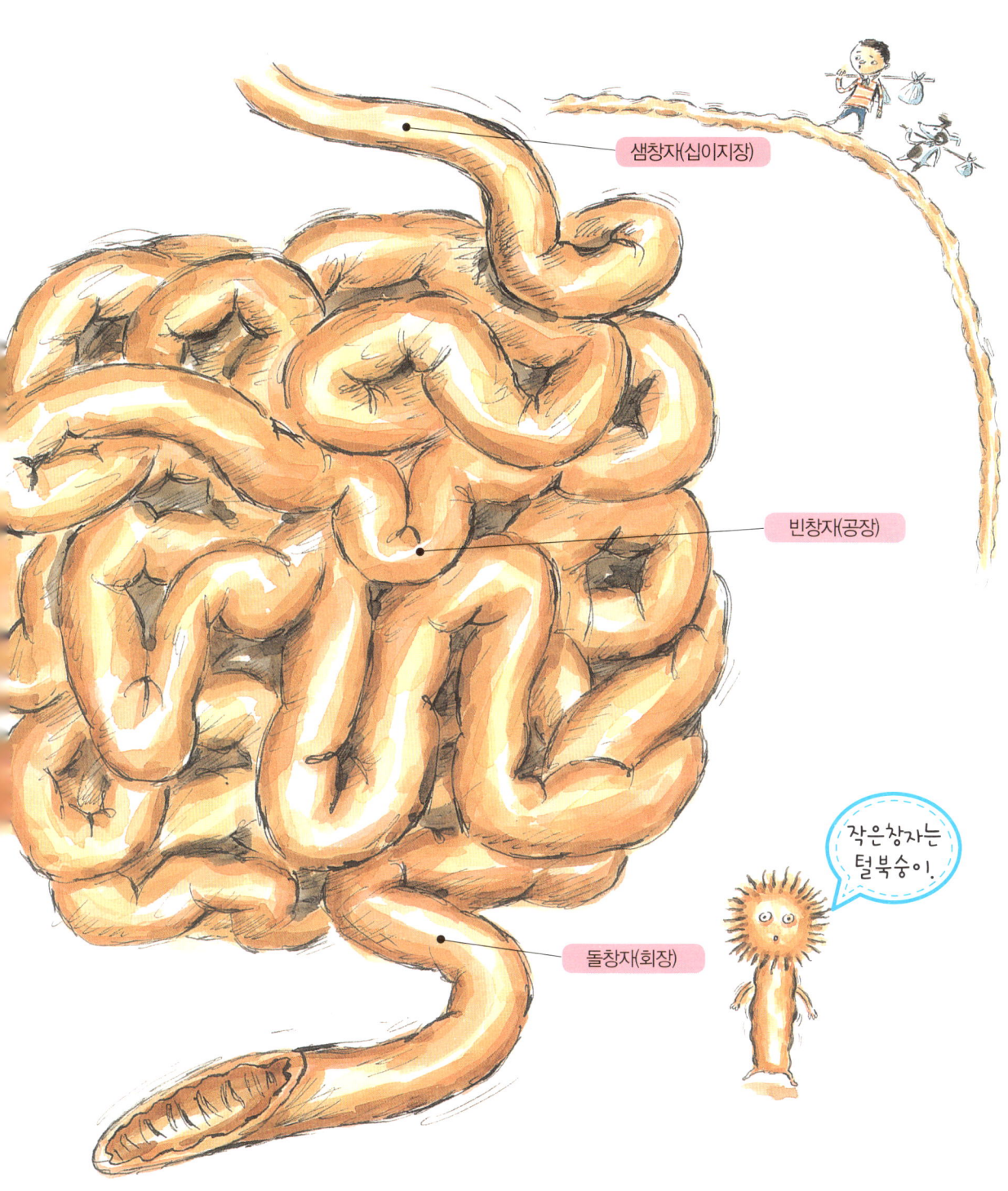

 **우리 몸에서 가장 긴 내장**

위장에서 어느 정도 소화된 음식물은 조금씩 '작은창자'로 내려갑니다. 한꺼번에 내려가는 게 아니라 시간을 두고 조금씩 내려간다고 했어요.

작은창자는 한자 말로 하면 '소장'입니다. 작은창자는 세 부분으로 되어 있어요. 먼저 위장과 바로 이어진 '샘창자'가 있습니다. '십이지장'이라고도 하는데, 길이가 약 25cm쯤 되지요. 다음에는 길이가 2m쯤 되는 '빈창자'가 있고, 마지막으로 4m 길이의 '돌창자'가 꼬불꼬불 이어져 있습니다. 굉장히 길지요? 우리 몸에서 가장 긴 부분이 바로 이 소장이랍니다. 길이가 보통 6~7m는 되니까요. 대장의 길이는 1.5m에 지나지 않습니다.

풀을 먹고 사는 염소나 양의 창자가 얼마나 긴지 알고 있나요? 소는 창자 길이가 무려 60m나 되는데, 소 몸길이의 22배에 이른답니다. 돼지는 16배, 사람은 어림잡아 5배는 된다고 하지요.

그럼 샘창자부터 봅시다. 왜 샘창자라는 이름이 붙었을까요? 샘창자에는 중간쯤에 C 자 모양으로 된 구멍이 하나 있는데, 그 구멍에서 이자액과 쓸개즙이 옹달샘처럼 솟아 나와서 '샘창자'라는 이름이 붙은 것이랍니다. 위장에서 내려온 음식물에 이자액과 쓸개즙을 잘 섞어 아래로 보내는 일을 하는

거예요. 이 샘창자를 십이지장이라고도 한다고 그랬습니다. 이 말에는 손가락 12개를 가지런히 이어 놓은 길이만 하다는 뜻이 들어 있어요.

난 22배

이자액과 쓸개즙은 모두 침이나 위액 같은 소화제입니다. 우리 몸의 이자와 쓸개에서 나오지요. 이자액과 쓸개즙은 아무 때나, 또 마구 쏟아져 나오는 게 아닙니다. 위장에서 음식이 내려올 때만 집중해서 나오거든요. 소화액

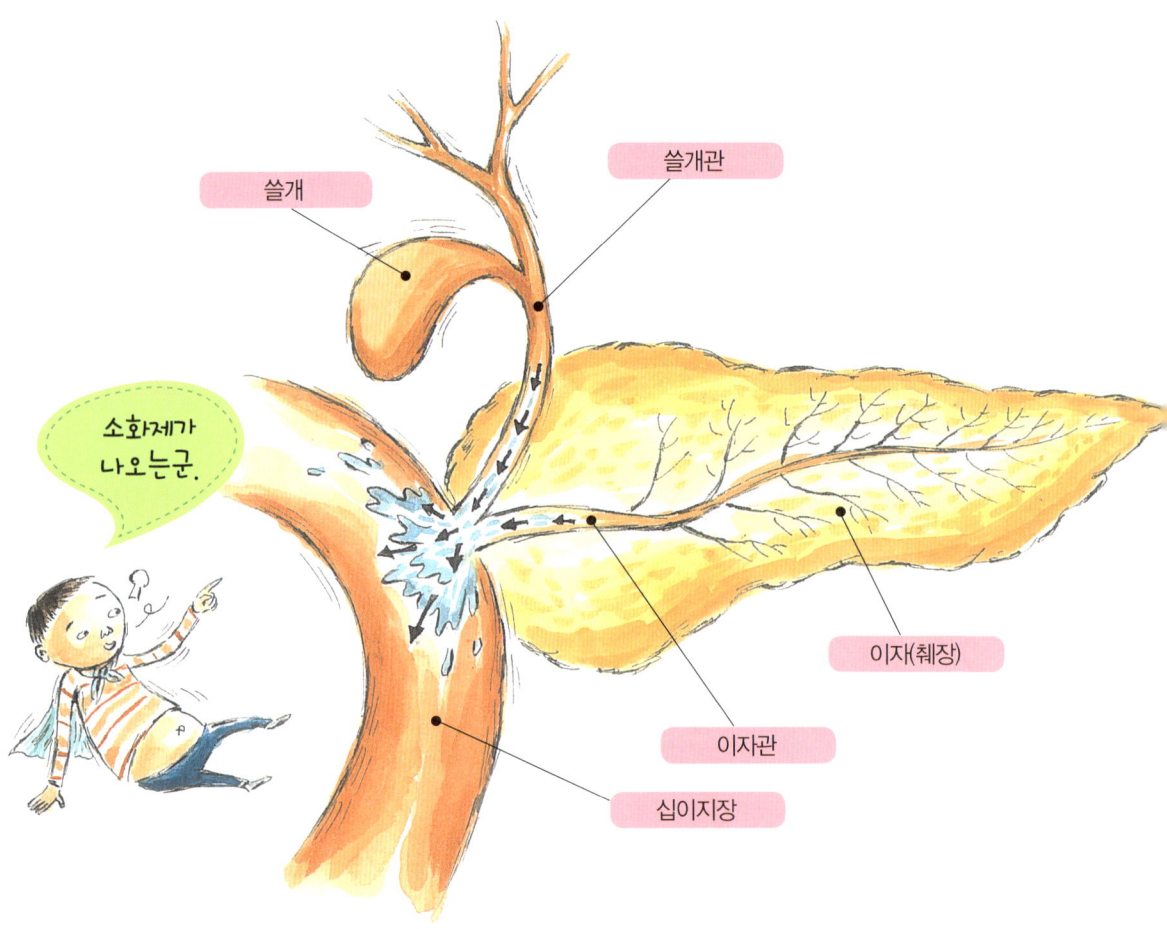

이니까 당연하겠지요.

그럼 빈창자와 돌창자는 무슨 일을 할까요? 음식물을 더욱 잘게 분해하여 소화를 시킵니다. 그리고 입으로 처음 들어온 음식물이 작은창자를 거치면 물에도 녹을 수 있을 만큼 분해가 된대요. 우리 몸에 꼭 필요한 영양분은 모두 빨아들이고, 남은 찌꺼기는 내려보내는 것입니다.

어른들 가운데는 배가 남산만 하게 나온 분들이 있습니다. 여러분도 본 적 있을 거예요. 그렇게 된 까닭은 빈창자와 돌창자 둘레에 누렇게 기름이 끼어서랍니다. 내장에 살이 찐 거예요. 기름진 음식을 많이 먹고, 운동을 안

하면 누구나 그렇게 될 수 있습니다. 비만은 모든 병의 원인이 된다고 그러지요? 가장 위험한 게 바로 이 내장 비만이랍니다. 그러니까 창자에 기름이 끼지 않도록 정말 조심해야겠지요.

소장도 이처럼 음식물을 자른다

작은창자는 이만큼 바쁘게 일한답니다. 그런데 작은창자는 다른 소화기관이 못하는 일을 한 가지 더 하고 있어요. 그게 뭘까요?

작은창자는 음식을 천천히 내려보내는 '꿈틀 운동'도 하지만, 음식물을 잘록잘록 자르는 일도 한답니다. 좀 어려운 말로 '분절 운동'이라고 하지요. 음식물이 작은창자를 지나면 물에도 녹을 수 있을 정도가 된다고 했지요? 그래서 작은창자에서 소화된 영양분은 우리 몸의 세포 속으로 잘 들어갈 수 있게 됩니다.

작은창자에는 주름도 아주 많답니다. 또 거기에는 손가락처럼 생긴 아주 작은 '융털'이 수없이 나 있어요. 그 작은 융털에도 더 작은 '돌기'들이 빽빽하게 나 있고요. 우리 몸에 있는 건 반드시 있어야 되니까 생겼다고 했지요? 그럼 왜 작은창자에는 두 겹 세 겹으로 주름과 돌기가 나 있는 걸까요? 한

번 생각해 보세요.

작은창자에는 여러 겹으로 된 주름과 돌기가 있어서 겉넓이를 자그마치 600배까지 넓힐 수 있답니다. 대단하지요? 굵기는 3cm밖에 안 되지만, 그만한 겉넓이를 가지게 된 것은 주름과 돌기가 있기 때문입니다. 그럼 왜 작은창자에만 그런 게 있는 걸까요? 아마 그렇게 해서라도 더 많은 영양분을 빨아들여야 하기 때문일 것입니다. 몸에 꼭 필요한 영양분을 많이 빨아들이려면 그만큼 빨아들이는 면적이 넓어야 되잖아요.

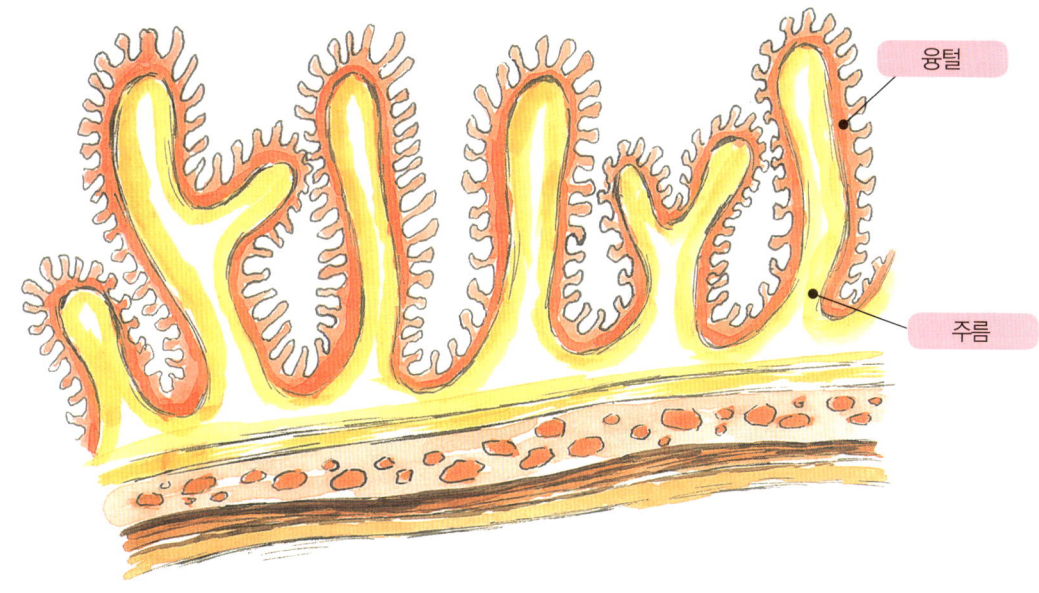

작은창자의 융털

겉넓이도 그렇지만 우리들 배 속에 6m나 되는 작은창자가 들어 있는 것도 재미있는 사실입니다. 손으로 재면 한 뼘밖에 안 되는 배 속에 말이에요. 그럴 수 있는 까닭은 바로 배 속에 돌돌 말려 들어가 있기 때문입니다. 봄날 땅 위에 난 고사리순을 생각해 보세요. 두루마리 화장지처럼 돌돌 말려 있지요? 그리고 실타래 하나에도 얼마나 많은 실을 감을 수 있는지 여러분도 잘 알지요? 올챙이 창자도 마찬가지랍니다. 창자가 돌돌 말려 들어간 까닭은 적은 공간에 많은 걸 넣어야 되니까 그런 거예요.

소장도 암에 걸릴까?

작은창자와 큰창자는 굵기에서 차이가 납니다. 큰창자는 작은창자보다 2배나 굵어요. 작은창자가 지름이 3cm 정도라면 큰창자는 6cm가 되겠지요. 앞에서도 잠깐 이야기했지만, 작은창자는 큰창자보다 5배나 길다고 했습니다. 그럼 작은창자와 큰창자라는 이름이 어떻게 붙었는지 짐작이 되지요? 바로 길이가 아니라 굵기에 따라 이름을 붙인 것입니다.

여러분, 내가 늘 궁금해하던 걸 이야기할게요. 여러분도 '위암', '대장암' 하는 무서운 병 이야기를 들어 봤지요? 그런데 나는 이제껏 소장(작은창자)

암'이란 말은 한 번도 들어 보지 못했답니다. 입으로 들어온 음식물을 소화시키느라 위장이 얼마나 바쁘고 힘든지 잘 알아요. 또 다 소화되고 남은 찌꺼기를 모아 몸 밖으로 보내느라 큰창자(대장)가 얼마나 고생하는지도 잘 압니다. 그럼 작은창자는 어떤가요? 지금까지 알아본 것처럼 작은창자 역시 쉴 틈이 없어요.

그럼 작은창자는 왜 병이 생기지 않는 걸까요? 말없이 힘든 일을 하지만, 작은창자는 늘 건강하게 지낸답니다. 우리 몸의 작은창자에 대해 더 깊이 연구해 보면 혹시 병 없이 살 수 있는 방법이 나오지 않을까요? 우리의 어린 과학자들이 자라 이 비밀을 풀어 준다면 얼마나 기쁠까요?

대장에는 왜 병이 많을까?

흔히 우리 몸의 대장을 정화조에 빗대곤 합니다. 더러운 물을 걸러서 깨끗하게 하는 정화조 알지요? 우리 몸에 필요한 영양분을 소장에서 빨아들이고 나면, 이제 찌꺼기만 남아서 대장으로 갑니다. 그러다 보니 대장에는 500가지가 넘는 세균이 득실거린대요.

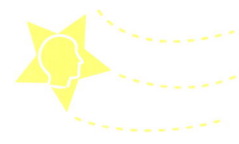

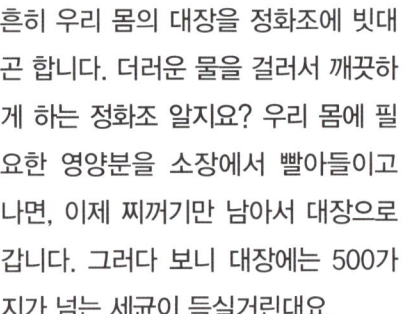

상행 결장

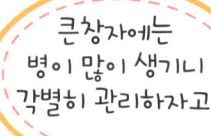

큰창자에는 병이 많이 생기니 각별히 관리하자고.

큰창자가 왜 작은창자보다 짧지? 이름이 바뀌었나……

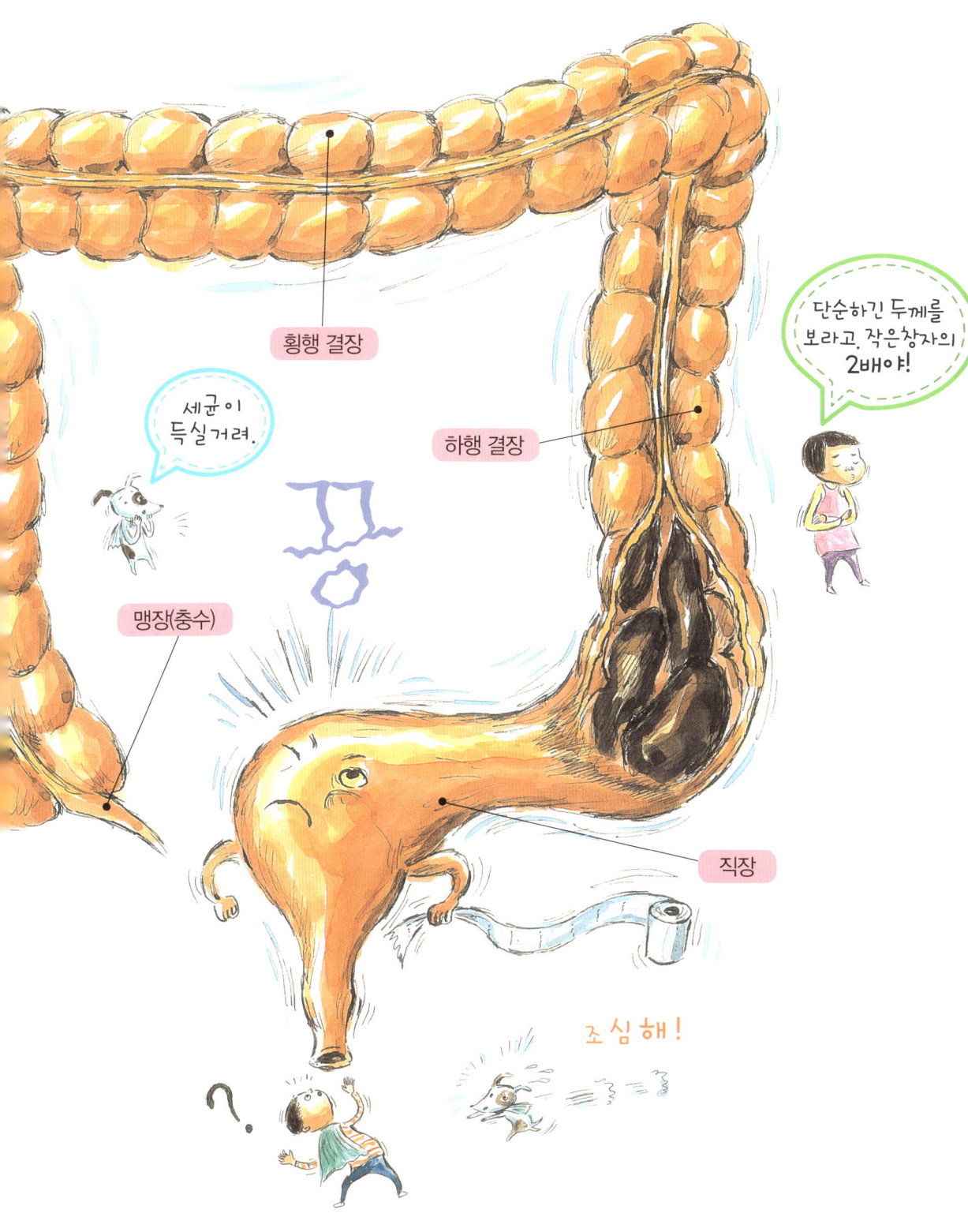

 ## 큰창자에는 왜 병이 많을까?

여러분, 생긴 모양이나 하는 일이 사람의 내장과 가장 닮은 동물은 바로 돼지랍니다. 그래서일까요, 요새는 돼지의 내장을 사람에게 옮겨 쓰겠다고 하는 세상이 되었습니다. 텔레비전 뉴스에도 가끔 나와요.

사람의 큰창자는 길이가 1.5m쯤 돼서 작은창자에 비하면 $\frac{1}{4}$밖에 안 된다고 했습니다. 하지만 굵기는 2배나 되어서 '큰창자'라는 이름이 붙었지요. 그런데 큰창자에서는 왜 그렇게 병이 많이 생길까요? 큰창자에서 생기는 병 가운데 가장 무서운 것이 바로 '대장(큰창자)암'입니다.

흔히 큰창자를 정화조에 빗대곤 합니다. 더러운 물을 걸러서 깨끗한 물로 만드는 정화조 알지요? 우리 몸에 필요한 영양분을 작은창자에서 빨아들이고 나면, 이제 찌꺼기만 남아서 큰창자로 갑니다. 그러다 보니 큰창자에는 500가지가 넘는 세균이 득실거린대요. 그 세균들을 통틀어서 '대장균'이라고 합니다. 하지만 대장균이라고 해서 다 나쁜 건 아니에요. 김치나 요구르트에 많이 든 유산균은 대장(큰창자)에 살면서 대장을 튼튼하게 지켜 주거든요.

대장에는 찌꺼기가 모여 있지만, 그 속에는 아직 물기가 섞여 있습니다. 대장은 그 물을 그냥 보내지 않고 빨아들여서 다시 쓰도록 해 주지요. 안 그러면 큰일 날지도 모릅니다. 날마다 설사만 할지도 모르니까요. 식중독을 일으키는 걸로 유명한 '살모넬라균'도 대장에 사는 대장균이랍니다. 이 균은 대장 벽을 헐게 해서 물을 제대로 빨아들이지 못하게 하지요. 그럼 어떻게 될까요? 당연히 설사를 하게 되는 것입니다.

우리 몸의 좋은 세균 가운데 가장 많이 알려진 것이 바로 '유산균'입니다.

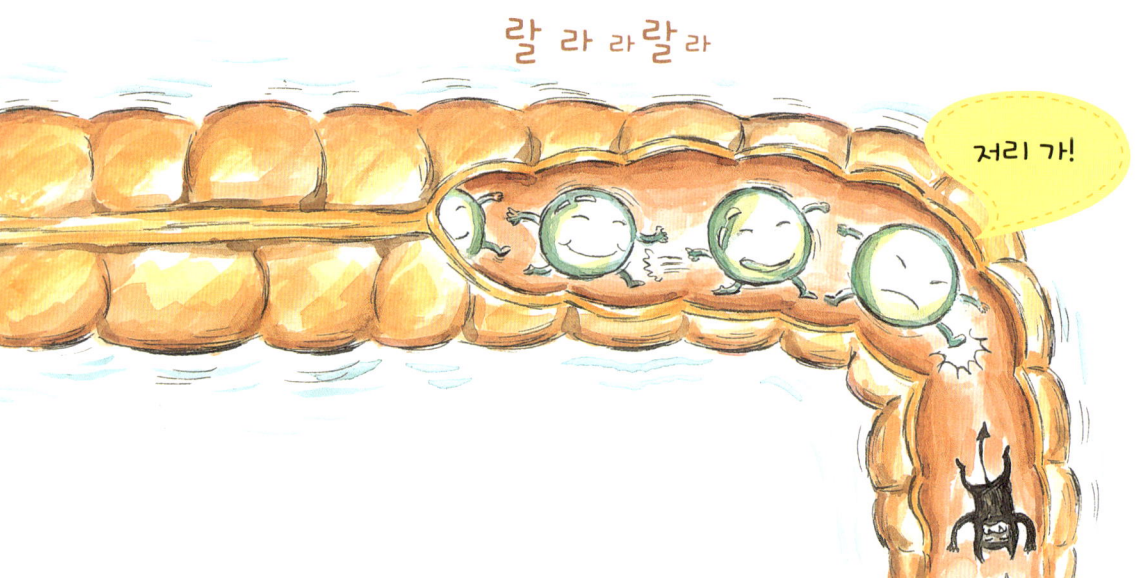

여러분도 많이 들어 봤을 거예요. 그럼 유산균이 왜 우리 몸에 좋다고 하는 걸까요?

앞에서도 몇 번 이야기했듯이 무엇이든 너무 모자라도 탈, 너무 많아도 탈이랍니다. 큰창자는 소화되고 남은 찌꺼기가 모이는 곳이잖아요. 그러다 보니 몸에 안 좋은 세균이 많아질 수밖에 없습니다. 그런 곳에 유산균이 알맞게 있으면 큰창자가 아주 좋아한답니다. 나쁜 균이 많아지는 걸 막아 주고, 또 장운동도 활발하게 해 주거든요.

어떤 요구르트 광고를 보면 유산균을 캡슐에 넣었다고 합니다. 그러면 큰창자까지 죽지 않고 가서 장운동을 돕는다고 하잖아요. 요구르트도 좋고,

고기보다는 채소를 많이 먹어야 하지만, 뭐니 뭐니 해도 우리 겨레의 전통 음식인 김치가 최고랍니다. 바로 유산균 덩어리니까요.

 ## 밥 잘 먹고, 똥 잘 누는 게 최고!

자, 큰창자 이야기를 하는데 방귀 이야기를 안 할 수 없지요? 사람이라면 누구나 방귀를 뀝니다. 하루에 평균 10번은 뀐다고 하니까요. 소리는 안 나는데 냄새가 지독한 것도 있고, 소리는 요란한데 냄새가 조금도 안 나는 것까지 방귀는 다양하게 나옵니다. 방귀는 왜 나오는 걸까요?

큰창자에서 세균들이 음식물을 분해할 때는 꼭 가스를 내놓는답니다. 무엇보다 고기에 많이 든 단백질을 분해할 때는 가스가 더 많이 나온대요. 이것들이 모여서 몸 밖으로 나오면 방귀가 되는 것입니다. 채소 먹고 뀐 방귀보다 고기를 먹고 뀐 방귀 냄새가 훨씬 지독해요.

그리고 밥을 먹은 지 오래돼서 속이 비면 배 속에서, '꼬르륵!' 하고 소리가 납니다. 그 소리는 무엇일까요? 배고프니까 밥 달라는 소리일까요?

소화되고 남은 음식 찌꺼기가 큰창자를 지나면 점점 굳은 덩어리가 됩니다. 대장이 물기까지 빨아들이니까 그렇게 될 수밖에 없잖아요. 그게 바로 똥 덩어리입니다. 그 똥 덩어리 사이를 비집고 가스가 내려가면서 꼬르륵, 하고 소리를 내는 거예요. 그 가스가 대장 끝에 있는 괄약근, 즉 똥구멍을 비집고 나오면 방귀가 되는 것이랍니다.

우리가 먹은 음식은 보통 24시간이 지나면 똥이 되어서 밖으로 나갑니다. 반드시 나가야 할 똥이 나가지 못하고 큰창자에 오래 머무는 것을 '변비'라고 해요. 변비가 되면 큰창자에 가스가 많이 차서 큰창자도 힘들어지지요.

여러분, 변비가 왜 몸에 안 좋은지 잘 알아야 해요. 그러다 보면 왜 고기보다 채소가 몸에 좋은지 자연스럽게 알게 됩니다. 옛 어른들은, "밥 잘 먹고, 똥 잘 눠야 건강하다."라고 하셨어요. 그 말씀 안에 모든 비밀이 들어 있답니다.

고기를 먹으면 작은창자에서 영양분을 모두 빨아들입니다. 그러니 큰창자에 있는 세균들은 먹을 게 없어요. 먹을 게 없다 보니까 잘 움직이지도 않습니다. 찌꺼기를 내려보내면서 바쁘게 움직여야 할 큰창자가 일을 안 하면 어떻게 되겠어요? 결국 병이 나고 맙니다. 그래서 생긴 게 '변비'고, 나중에는 대장암처럼 더 나쁜 병도 생기는 거지요. 고기를 먹을 때 왜 채소와 같이 먹는지, 왜 고기보다는 채소를 많이 먹어야 하는지 이제 알겠지요? 큰창자는 고기보다 채소를 훨씬 좋아한답니다.

그럼 우리가 눈 똥을 현미경으로 본다고 상상해 보세요. 뭐가 보일까요?

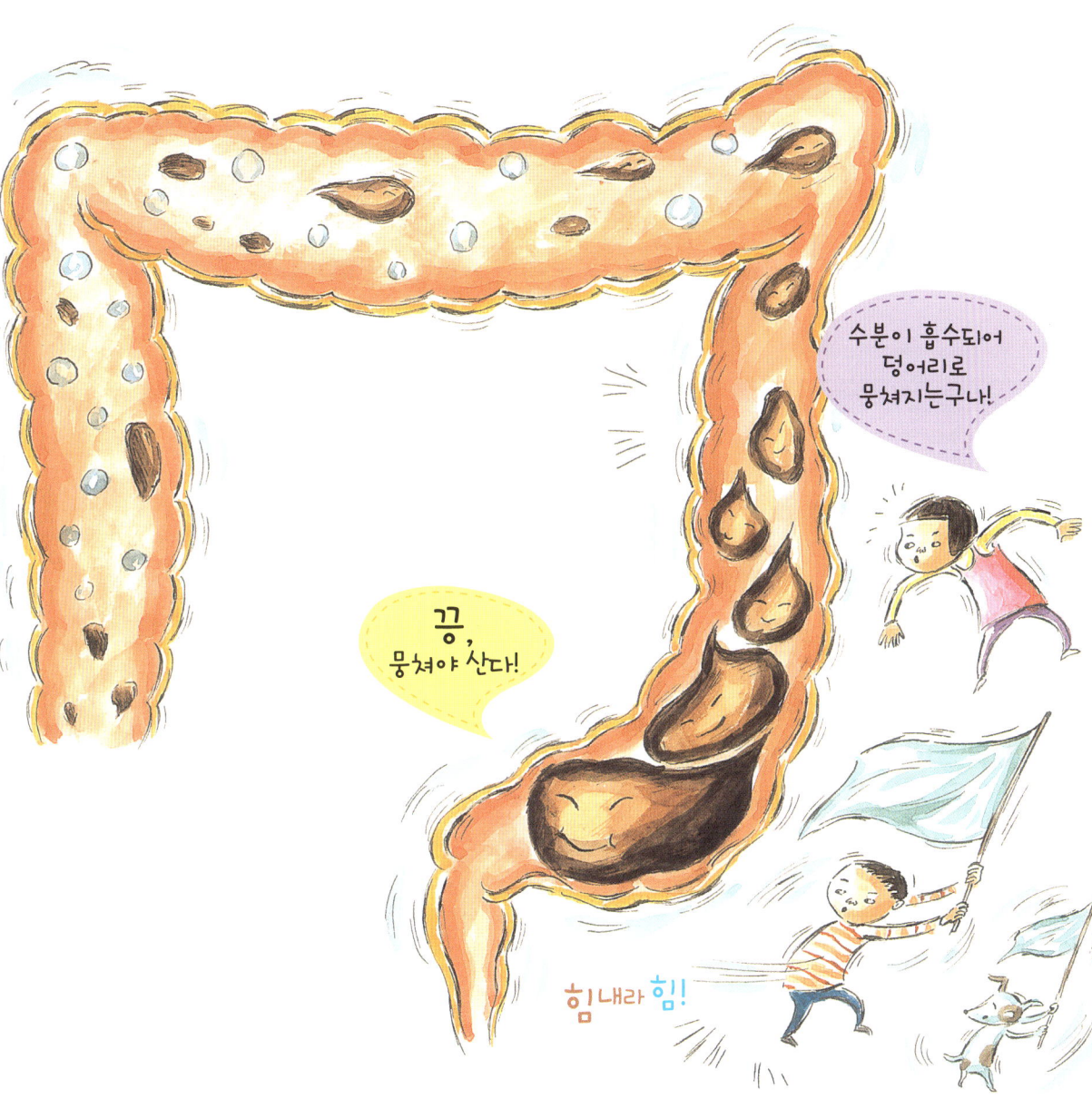

자세히 들여다보면 똥 속에 세균이 얼마나 많은지 알 수 있답니다. 똥의 33%쯤이 대장균이라고 하거든요.

똥이 모두 음식물 찌꺼기인 줄로만 안 친구들은 깜짝 놀라지 않았을까요? 아무튼 우리 몸에는 음식물 찌꺼기를 먹고 사는 세균이 그만큼 많답니다.

심장은 힘이 세다

심장은 1분에 70번 정도 밤낮없이 뛴답니다. 심장이 뛰는 힘을 계산해 보면 권투 선수가 날린 펀치보다 세다고 하지요. 우리 몸에 심장만큼 힘센 친구는 찾아볼 수 없답니다. 그 까닭은 뭘까요? 심장은 왜 그만큼 힘이 세져야 했을까요?

대정맥

우심방

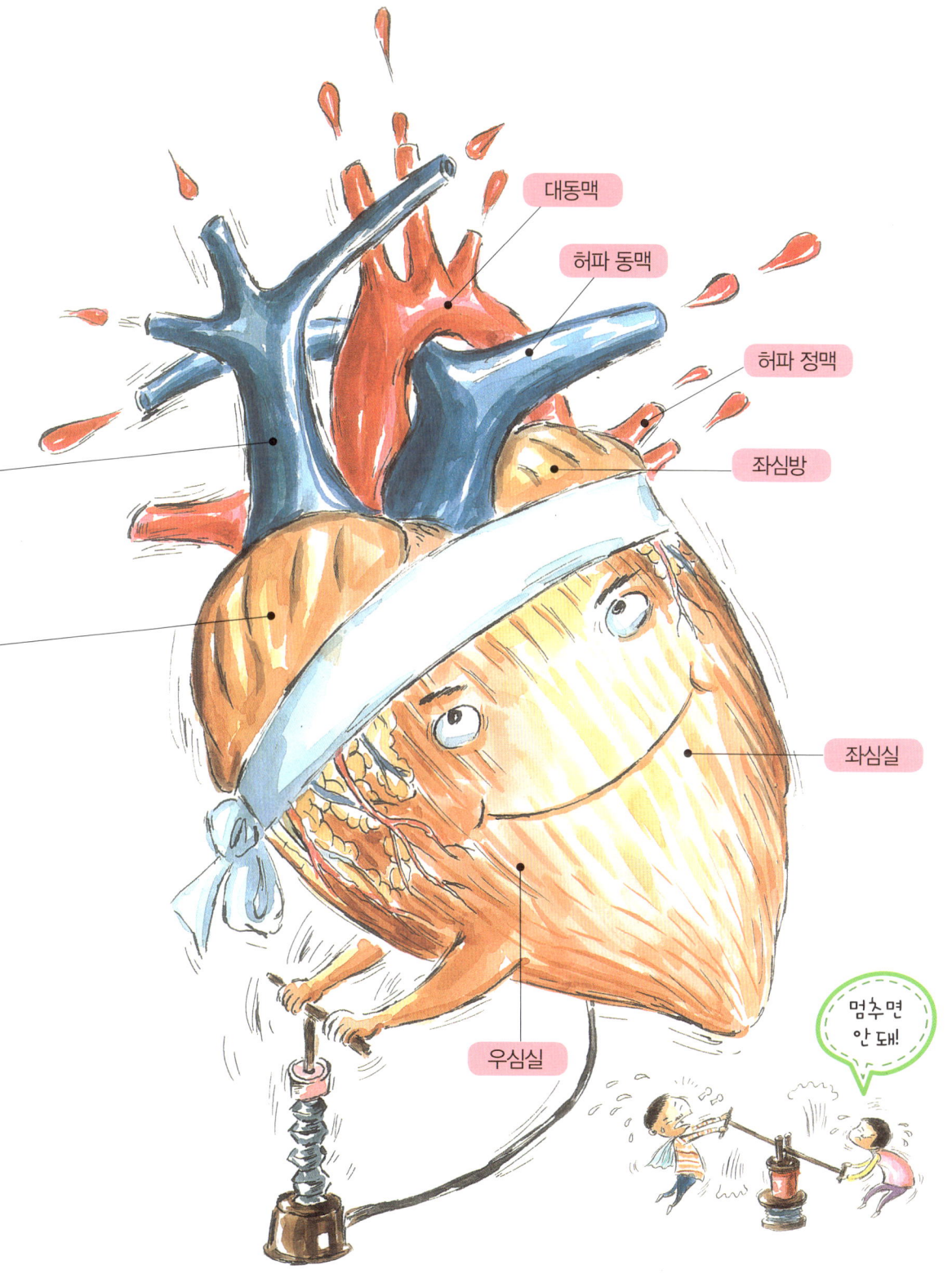

 **딱딱한 돌처럼 야문 친구**

  자, 왼쪽 가슴에 가만히 손을 대 보세요. 쿵덕쿵덕 뛰고 있지요? 바로 거기에 이제부터 이야기할 대단한 친구, 심장이 있답니다.

  심장은 허파와 함께 가슴 안에 들어 있어요. 더 자세히 말하면 가슴뼈와 갈비뼈 속에 마치 감춰 둔 것처럼 들어가 있습니다. 아마 둘 다 아주 중요하기 때문일 거예요.

  심장을 뜻하는 우리 말은 '염통'입니다. 그럼 염통이란 말에는 무슨 뜻이 들어 있을까요? '염' 자를 국어사전에서 찾아보면, '바윗돌로 된 작은 섬'이라는 뜻이 들어 있다고 나와 있습니다. 딱딱한 돌처럼 아주 야물다는 뜻이에요. 정말 그렇답니다. 여러분이 엄마 배 속에 처음 생겼을 때부터 지금까지 심장은 단 한 번도 멈추지 않았으니까요.

  심장은 1분에 70번 정도 밤낮없이 뛰고 있습니다. 심장이 뛰는 힘을 계산해 보면 권투 선수가 날리는 주먹보다 세다고 해요. 우리 몸속에 심장만큼 힘센 친구는 찾아볼 수 없답니다. 왜 그럴까요? 심장은 왜 그만큼 힘이 세져야 했을까요?

  여러분, 우리 몸에 있는 핏줄의 길이를 모두 더하면 자그마치 12만 km나

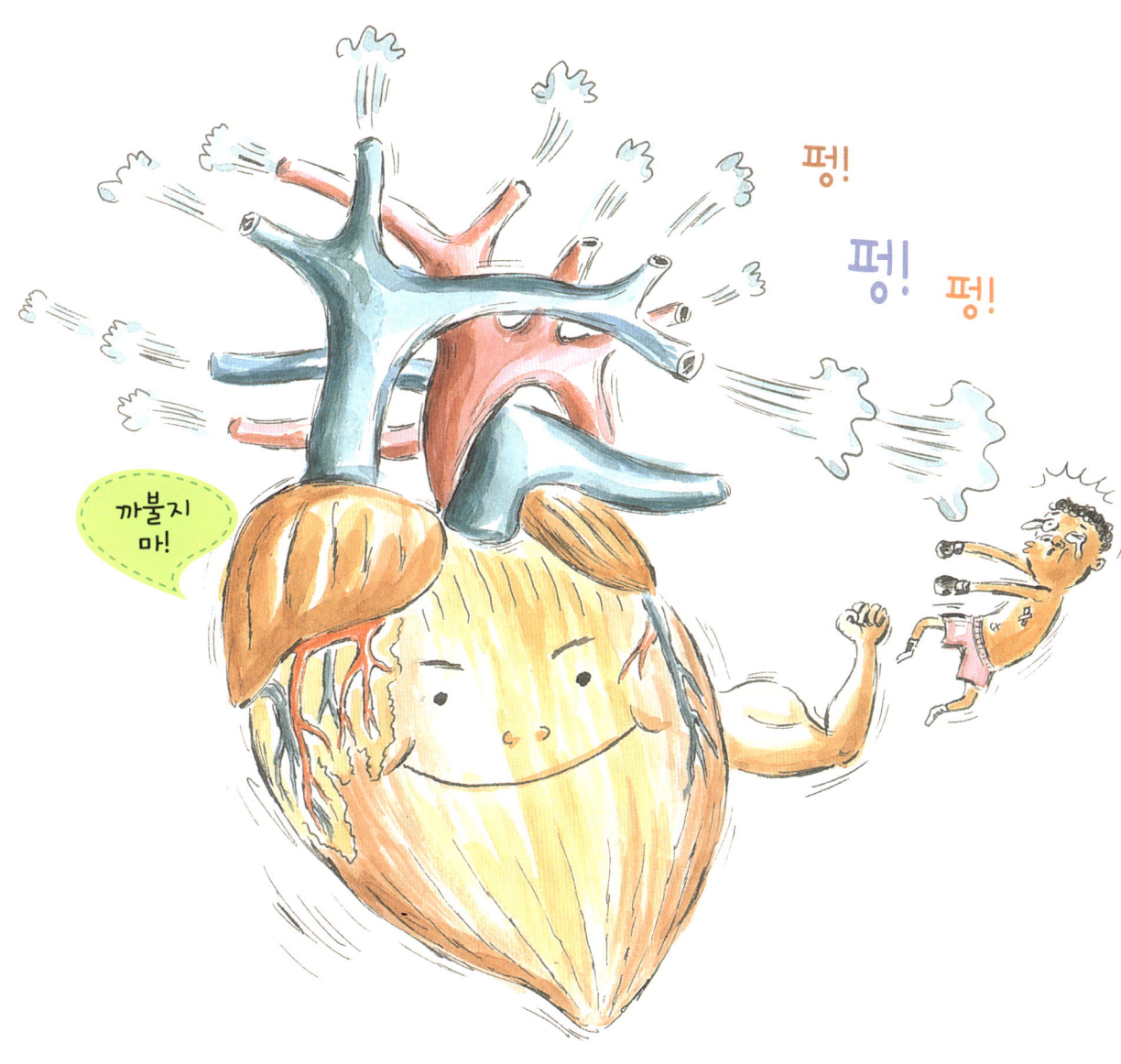

된답니다. 머리에서 발끝까지 안 가는 데가 없어요. 그래야 온몸 구석구석까지 피가 잘 돌아가고 몸에 꼭 필요한 영양분도 전해질 수 있는 것입니다. 그 영양분을 먹고 우리 몸의 세포들은 부지런히 일을 합니다. 지구의 둘레가 4만 km쯤 된다니까, 한 사람의 몸속에 든 핏줄 길이는 지구 둘레보다 무려 3배나 긴 셈입니다. 정말 신비로운 일이 아닐 수 없어요.

 이렇게 온몸에 퍼져 있는 핏줄마다 심장이 피를 보내려면 정말 힘이 세야 할 것입니다. 심장이 한 번 피를 보내면 약 2분 안에 온몸을 한 바퀴 돌고 다시 돌아오지요. 그만큼 빠르고 힘차게 돌고 있습니다. 심장의 힘이 느껴지

나요? 의사 선생님 목에 걸려 있는 '청진기'로 들어 보면 '쿵쾅쿵쾅' 실감 나게 들린답니다.

세 가지 일을 한꺼번에!

심장은 어떻게 그런 힘을 쓰면서도 지치지 않는 걸까요? 여기에는 심장에게만 숨어 있는 비밀이 있답니다. 고된 일을 하면서도 얼마나 효율적으로 일하는지 여러분도 알면 놀랄 거예요.

심장은 방 4개로 되어 있습니다. 위쪽에 작은 방(우심방, 좌심방) 2개가 있고, 아래쪽에 큼직한 방(우심실, 좌심실)이 2개 있거든요. 심방은 '정맥'과 이어져 있어서 일을 마친 피가 들어오는 곳입니다. 그리고 심실은 '동맥'과 이어져 있어서 앞으로 일할 피들이 나가는 곳이지요. 오른쪽에 있는 '우심방'과 '우심실'은 일을 마치고 돌아온 피를 받아 산소를 얻도록 허파로 보내는 일을 해요. 왼쪽에 있는 좌심방과 좌심실은 허파에게서 깨끗하고 산소가 많은 피를 받아 온몸으로 보내는 일을 한답니다.

한 번 뛸 때마다 심장은 세 가지 일을 합니다. 먼저 심장으로 피를 받아들이고 아래로 옮겨서 심장 밖으로 내보내는 것이지요. 위쪽에 있는 심방이 펌프질을 하고 잇따라서 아래쪽 심실이 힘있게 펌프질을 하면서 말입니다. 그런 다음 심장은 잠깐씩 힘을 뺀답니다. 무엇보다 '좌심실'은 피를 힘차게 뿜어내서 온몸으로 보내야 하기 때문에 근육 두께가 다른 데보다 2~3배나 두껍지요.

이렇게 힘을 쓰고 빼면서 심장은 잠깐씩 쉬는 것이랍니다. 다섯 번 일하고 한 번쯤 쉰다고 보면 되지요. 여러분도 쉬지 않고 공부만 하면 성적이 쑥쑥 올라갈까요? 아니지요? 심장도 마찬가지랍니다. 힘든 일을 하는 만큼 알맞게 쉬기 때문에 평생 멈추지 않고 일할 수 있는 거예요.

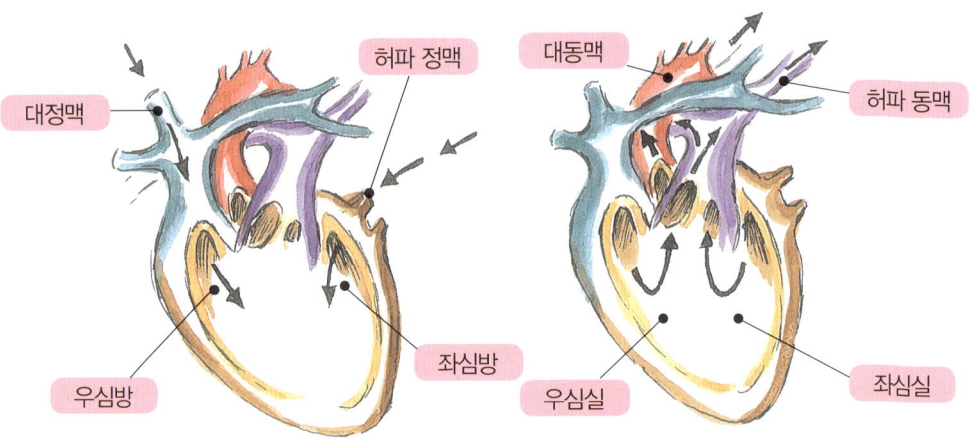

심장에서의 피돌기

심장은 보통 자기 주먹만 하답니다. 무게는 350g쯤 된대요. 달걀 하나가 60g이니까 달걀 6개를 모은 무게쯤 될 것입니다. 그리고 심장은 몸무게가 많이 나가는 사람일수록 크답니다. 몸이 무겁다는 것은 덩치가 크다는 뜻이 되고 핏줄 길이도 훨씬 길다는 뜻도 되니까요. 그렇게 되면 심장은 더욱 힘을 내야 할 테니 커질 수밖에 없습니다. 사람은 누구나 몸무게가 늘면 늘수록 핏줄이 많아지거든요.

숨쉴 때는 코끼리처럼

그런데 몸무게가 자꾸 늘면 심장을 힘들게 할 수도 있습니다. 아주 힘센 심장도 지칠 수 있다는 이야기예요. 거꾸로 생각해 보면 더 쉬워집니다. 몸무게를 줄이는 것은 한마디로 말해서 심장이 하는 일을 덜어 준다는 뜻이 되거든요. 몸에 안 좋은 피자나 햄버거를 많이 먹고, 더군다나 운동까지 안 하면 심장은 머지않아 지쳐서 쓰러지고 말 것입니다.

어느 독일 과학자가 이런 말을 했답니다.

"모든 동물은 20억 번 심장이 뛰면 죽는다."

맞는 말인지 한번 생각해 볼까요?

몸집이 작은 동물은 심장 박동이 빠르고 큰 동물은 아주 느립니다. 심장 박동이 빠르다는 것은 숨쉬는 횟수가 많고 빠르다는 뜻이 되지요. 생쥐가 숨쉬는 것과 코끼리가 숨쉬는 것을 생각해 보면 잘 알 수 있습니다. 쥐는 우리가 따라 하기 어려울 만큼 빠르게 할딱거리지만, 코끼리는 1분에 네 번 정도만 숨을 쉰다고 하거든요. 그런데 생쥐는 1년밖에 못 살고, 코끼리는 60년을 너끈히 산다고 하지요.

결론을 내려 보면 이렇습니다. 사람의 심장은 1분에 70번 정도 뛴다고 했습니다. 그럼 70년을 살면 심장은 몇 번이나 뛰게 될까요? 좀 복잡하겠지만, 한번 계산해 보세요. 차근차근 계산해 보면 아마 독일 과학자가 이야기한 것처럼 약 25억 번이라는 숫자가 나올 것입니다.

그런데 여기서 더 중요한 것은 25억 번이라는 숫자가 아니랍니다. 건강하게 살려면 코끼리처럼 숨을 천천히 쉬고, 심장이 조금이라도 덜 힘들도록 해야 한다는 거예요. 툭하면 화를 내고 흥분하는 사람들은 생쥐처럼 심장이

빨리빨리 뛰거든요. 그러면 혈압도 높아지고 갈수록 심장도 지칠 것입니다. 건강하게 오래 사시는 할머니나 할아버지를 보면 대체로 느긋한 성품을 가지고 있어요.

심장은 온몸에 피를 돌게 하는 것이 가장 큰 일입니다. 핏속에는 산소를 나르는 '적혈구'가 있는데, 적혈구는 허파에서 깨끗한 산소를 받아다가 우리 몸 구석구석에 있는 세포에게 전해 주지요. 그러고는 필요 없는 이산화탄소를 받아다가 허파로 돌아와서 내버립니다.

그럼 심장이 멈춰 피가 흐르지 못하면 어떻게 될까요? 생각만 해도 무섭지요? 그렇게 되면 100조 개가 넘는 세포에 산소와 영양분을 주지 못하게 됩니다. 그러면 세포는 기다리고 기다리다가 그만 죽고 말 거예요. 핏속에는 산소 말고도 우리 몸에 꼭 필요한 영양분으로 가득하니까요. 심장이 뛰지 못하면 왜 사람이 살 수 없는지 이제 알겠지요?

허파는 왜 2개일까?

허파는 스스로 움직일 수 있는 근육이 없기 때문에 아픈 것도 잘 느끼지 못한답니다. 그런 점에서는 심장과도 비슷하지요. 그러니까 늘 조심해야 합니다. 허파가 아픈 걸 알았을 때는 치료하기 어려울 만큼 늦어 버린 경우가 많거든요.

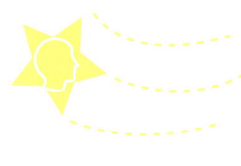

뭐여?

아저씨! 허파가 보고 있어요.

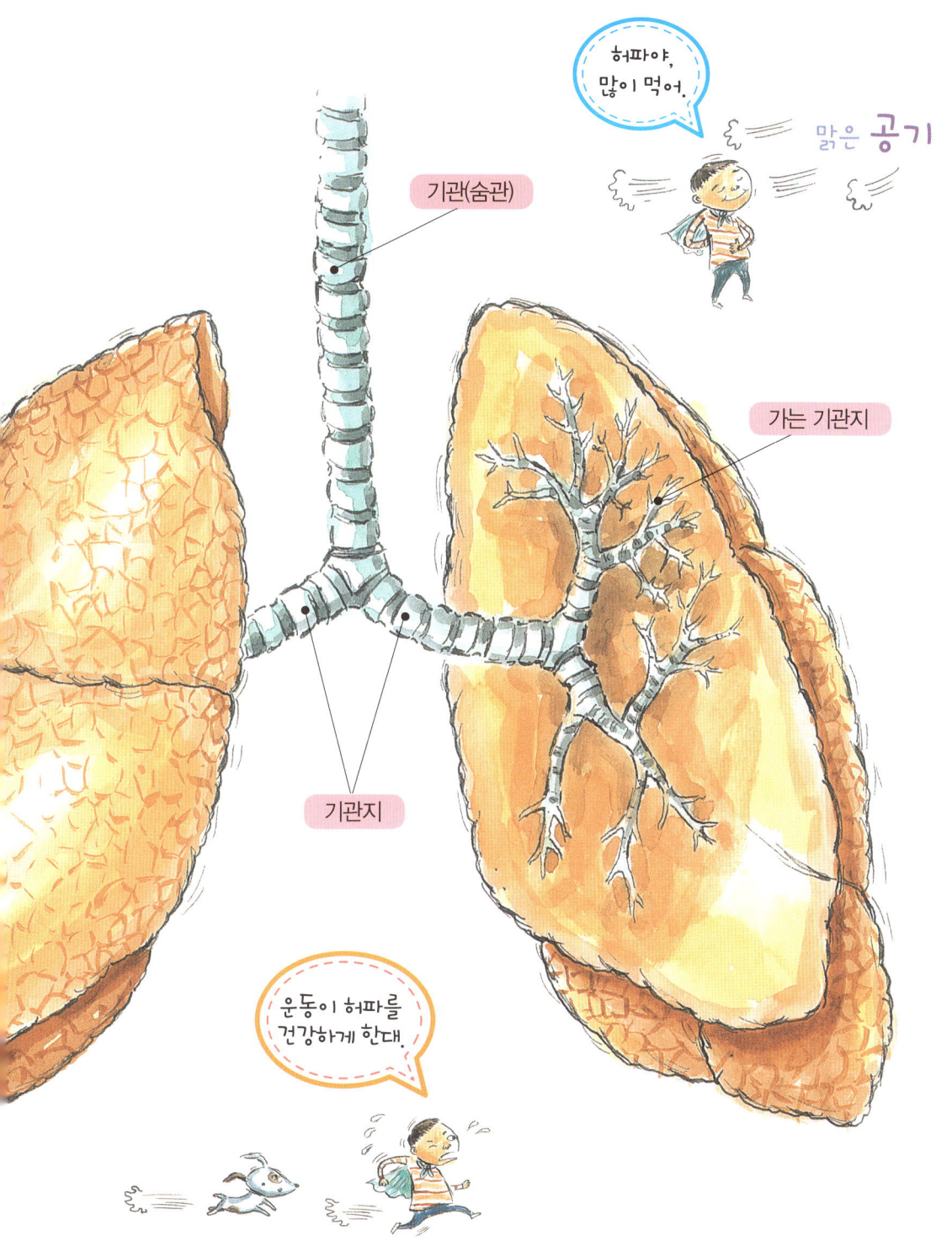

 ## 우리는 어떻게 숨을 쉴까?

여러분도 다 아는 것처럼 허파를 흔히 '폐'라고도 하지요. 하지만 나는 허파나 폐보다는 '숨통'이라는 우리말 이름이 좀 더 살갑습니다. 숨통이란 곧 '숨쉬는 통'을 말하니까요.

자, 여러분. 숨쉬기를 억지로 멈추고 힘닿는 데까지 한번 참아 보세요. 어떤가요? 아마 갈수록 가슴이 답답해지면서 나중에는 꼭 눈알이 튀어나올 것 같을 것입니다.

우리는 숨을 쉬면서 공기 속에 있는 산소를 들이마십니다. 그리고 피를 통해 온몸에 퍼져 있는 세포에게 산소를 전해 주지요. 세포에게 산소가 못 가면 우리 몸의 세포는 살 수가 없답니다. 산소가 얼마나 귀한지는 더 말하지 않아도 될 거예요.

사람이라면 누구나 맑은 공기를 좋아합니다. 공기 중에 녹아 있는 산소가 전체 공기 중에 21%는 들어 있어야 맑은 공기라고 하거든요. 반대로 21%가 안 되면 오염된 공기라고 한답니다. 서울에 사는 사람이 어림잡아 1천만 명이 넘는다는데, 그 많은 사람들이 산소가 부족한 오염된 공기를 마시니 걱정스럽습니다.

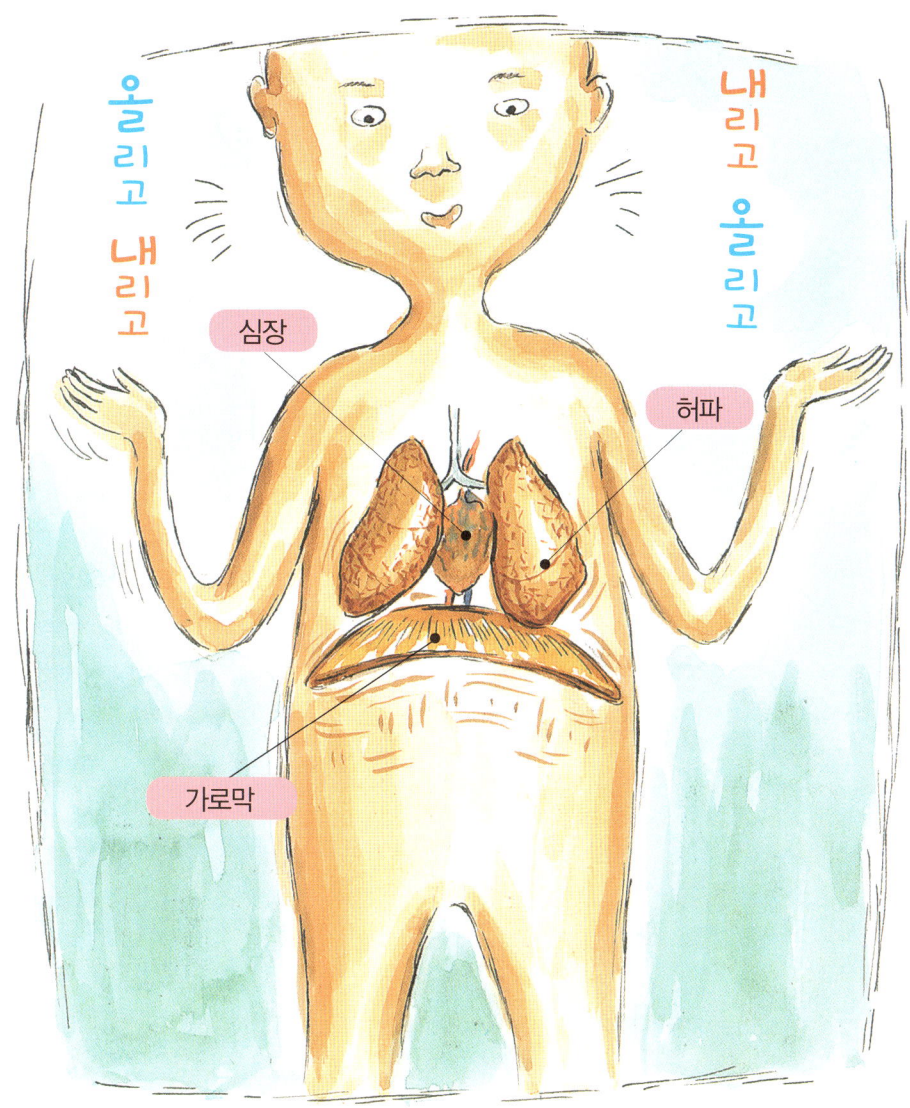

그럼 우리가 어떻게 숨을 쉬고 있는지부터 알아볼까요? 그림을 잘 보세요. 가슴과 배 사이를 가로지르는 근육이 하나 보이지요? 그것을 '가로막', 다른 말로 '횡격막'이라고 합니다. 이 가로막이 모든 동물에게 다 있는 건 아니에요. 오직 사람을 포함한 포유류에게만 있답니다.

가로막과 갈비뼈는 우리의 생명을 이랬다저랬다 할 만큼 중요합니다. 무슨 말이냐 하면, 가로막과 갈비뼈가 있어야 허파를 오므렸다 폈다 하면서 공기가 들어오고 나갈 수 있거든요.

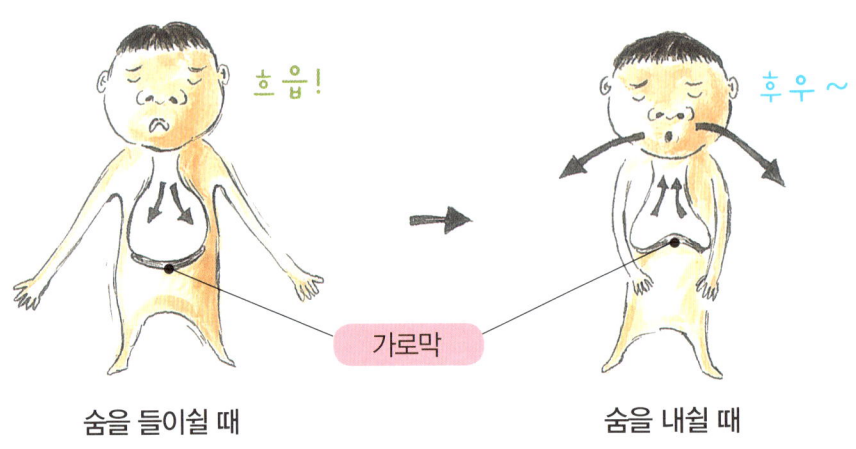

자, 이번에는 숨을 한번 들이마셔 보세요. 그리고 잠깐 멈춰 보세요. 어떤 일이 일어나나요?

먼저 공기가 코와 입으로 들어오면서 갈비뼈가 위로 올라가지요? 바로 이때 가로막은 아래로 내려가게 됩니다. 그러면 가슴에는 넓은 공간이 생겨서 바깥 공기가 허파 속으로 들어오게 되지요. 바로 이것을 '들숨'이라고 한답니다. 들이마시는 숨을 말해요.

그럼 내쉬는 숨인 '날숨'은 어떤가요? 숨을 내쉬면 가로막 근육이 가슴으로 올라오고 갈비뼈가 아래로 내려갑니다. 그러면 가슴 속 공간이 줄어들어서 공기가 허파 밖으로 밀려 나가는 거지요.

우리는 이 둘을 더해서 '호흡'이라고 부릅니다. 숨을 쉰다는 뜻이에요. 사람은 보통 1분에 17~18번 정도 숨을 쉬어요. 물론 잠이 들면 그 횟수는 조금 줄어듭니다.

허파 꽈리의 비밀

우리 몸에는 허파가 2개 있습니다. 그런데 오른쪽 것은 세 부분으로 나뉘어 있고, 왼쪽 것은 두 부분으로 나뉘어 있지요. 우리 몸은 오른쪽과 왼쪽이 대칭을 이룬다고 하지만 언제나 똑같지는 않답니다. 눈알 크기도 다르고, 팔다리 길이도 조금씩 다른 것처럼 말이에요. 물론 허파도 마찬가지입니다.

아무튼 허파는 스스로 움직일 수 있는 근육이 없기 때문에 아픈 것도 잘 느끼지 못한답니다. 그런 점에서는 심장과 비슷하지요? 그러니까 늘 조심해야 합니다. 허파가 아픈 걸 알았을 때는 이미 치료하기 늦어 버린 경우가 많거든요. 의사 선생님도 고치지 못할 만큼 말이에요.

허파는 '허파 꽈리'라고 하는 작은 공기주머니가 모여 만들어진 것이랍니다. 한 사람이 가진 허파 꽈리 수는 약 5억 개가 넘는대요. 이걸 전부 펴서 늘어놓으면 21평쯤 되는 넓이를 모두 채울 수 있답니다. 허파 꽈리가 이렇게 많은 건 그만큼 중요하기 때문일 거예요. 그렇다면 허파 꽈리는 무슨 일을 할까요?

허파 꽈리는 코로 들이마신 공기 가운데 산소를 걸러서 피에 섞어 보낸답니다. 그리고 더 이상 필요 없는 이산화탄소를 걸러서 몸 밖으로 내보내는 일을 하지요. 그러니 허파 꽈리에 병이라도 생기면 큰일이겠지요? 허파 꽈리 하나의 지름은 0.1mm쯤 된답니다. 우리 눈으로도 보일 듯 말 듯하지요.

'폐활량'이라는 말 들어 보았나요? 허파가 공기를 최대한 많이 담았을 때의 양을 폐활량이라고 합니다. 가장 많이 담았을 때가 보통 5~6ℓ쯤 된대요. 폐활량이 크다는 것은 허파 속에 공기를 많이 담을 수 있고, 그만큼 많

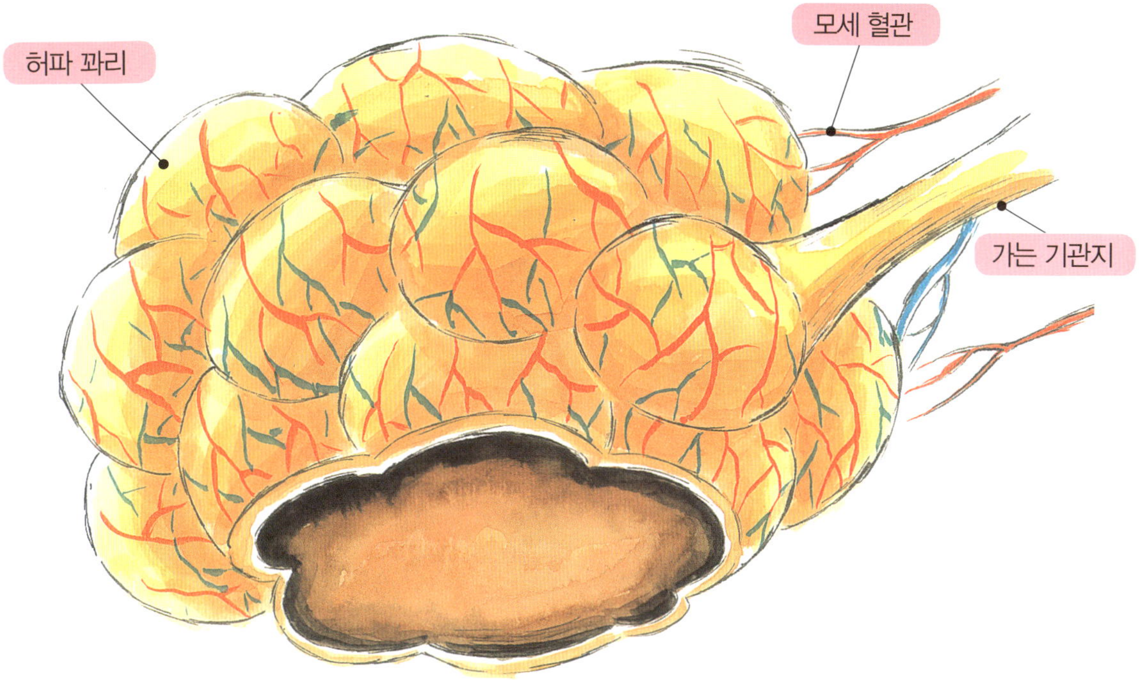

허파 꽈리

모세 혈관

가는 기관지

허파 꽈리

181

은 산소를 우리 몸에 보낼 수 있다는 뜻이거든요. 황영조나 이봉주 선수 같은 마라톤 선수는 타고난 폐활량이 커서 그렇게 빨리, 또 오랫동안 달릴 수 있는 것입니다. 물론 피땀 흘려 노력한 결과이기도 하지만 말이에요.

그런데 우리가 보통 숨을 쉴 때는 폐활량의 $\frac{1}{10}$ 정도 되는 공기만 코로 드나든대요. 그러니 맨날 '숨쉬기 운동'만 해서는 절대 허파가 튼튼해지지 않는답니다. 줄넘기도 좋고, 걷기나 달리기도 좋아요. 맑은 공기를 마시면서 운동을 해야 허파도 튼튼해지고, 폐활량도 늘어나요.

아기가 태어날 때 우는 까닭은?

재미있는 이야기 하나 할까요? 엄마 배 속에서 아기가 나올 때, "응애!" 하고 소리쳐 울잖아요? 그 소리가 크고 우렁차면 건강하다는 뜻이니까 어른들은 아기가 큰 소리로 우는 걸 좋아한답니다. 그런데 여러분은 아기가 왜 우는지 생각해 본 적 있나요? 의사 선생님이 엉덩이를 때리니까 아파서 우는 걸까요?

아기가 태어날 때 우는 까닭은 따로 있답니다. 여태껏 물로 가득 찬 엄마 배 속에서 쪼그라들어 있던 허파에 처음으로 공기가 들어갔거든요. 허파에 공기가 들어가서 풍선처럼 확 펴지는 순간에 아기가 우는 것이랍니다. 아기가 얼마나 놀랐을까요? 또 얼마나 아프고 힘들었을까요? 그래서 우는 것이지요.

또 한 가지, 우리 몸이 얼마나 신비로운지 이야기해 볼게요. 사람이 사는 곳에는 셀 수도 없을 만큼 먼지가 많습니다. 먼지와 같이 산다고 해도 될 만큼 많지요. 우리는 숨을 쉬면서 어쩔 수 없이 먼지를 마십니다. 그럼 그 먼지가 다 허파 속으로 들어가는 걸까요?

그건 아니겠지요. 숨을 들이마실 때 공기에 섞여 들어온 먼지나 나쁜 균은 코가 제일 먼저 걸러 준다고 했습니다. 그런데 코도 거르지 못한 먼지나 나쁜 균은 어떻게 될까요? 그냥 허파 속으로 들어가 쌓일까요? 그러면 안 되니까 우리 몸은 분명히 무슨 준비를 해 두었을 것입니다.

자, 숨을 쉬어 보세요. 잘 느껴 보면, 들이쉬는 숨은 천천히 일어나고, 내쉬는 숨은 들이쉬는 숨보다 속도가 더 빠를 거예요. 그렇지요? 비밀은 거기에 있습니다. 우리 몸에는 언제나 먼지나 균이 들어올 수 있으니까 그렇게 해서라도 안 좋은 것을 몸 밖으로 밀어내는 것입니다. 신기하지요? 그런 나쁜 물질이 덩어리처럼 모인 걸 '가래'라고 합니다. 가래침을 자주 뱉는 어른들은 백이면 백 모두 건강이 안 좋답니다.

마지막으로 '자율 신경' 이야기를 하고 끝낼게요. 우리 몸의 허파도 자율

신경에 따라 움직이고 있거든요. 자율 신경이란 스스로 알아서 움직이는 신경입니다.

우리는 잠을 자면서도 숨을 쉽니다. 물론 심장도 뛰는 걸 멈추지 않지요. 허파나 심장 같은 몸속 내장은 모두 자율 신경에 따라 움직인다고 그랬습니다. 그 말은 대뇌의 명령에 따라 움직이는 게 아니라는 뜻이에요. 한번 생각해 보세요. 숨을 쉬고 심장이 뛰는 것까지 대뇌가 맡았다면 어떻게 되었을까요? 아마 우리는 한숨도 못 잘 게 틀림없습니다. 뇌가 밤새도록 지키면서 숨 쉬고 심장이 뛰는 것까지 살펴야 하니까요. 이렇듯 우리 몸은 무엇이든 꼭 필요해서 생긴 것이고, 또 신비롭지 않은 곳이 없답니다.

그런 뜻에서 허파가 2개나 된다고 소홀히 하면 큰일 납니다. 1개가 아니라 2개라는 것은 허파가 그만큼 다치기 쉽다는 뜻이니까요.

콩팥에는 오줌 공장이 200만 개

콩팥에는 오줌을 만드는 작은 공장이 200만 개나 있습니다. 200만 개나 되는 공장에서는 모두 오줌을 걸러 내는 일을 주로 하지요. 콩팥은 하루에만 무려 180ℓ나 되는 피를 걸러 내는데, 그중에서 영양가 있는 99%는 다시 핏속으로 돌려보내고, 나머지 1%만 오줌으로 내보낸대요.

내 콩팥은 화가야.

그래, 자랑이다!

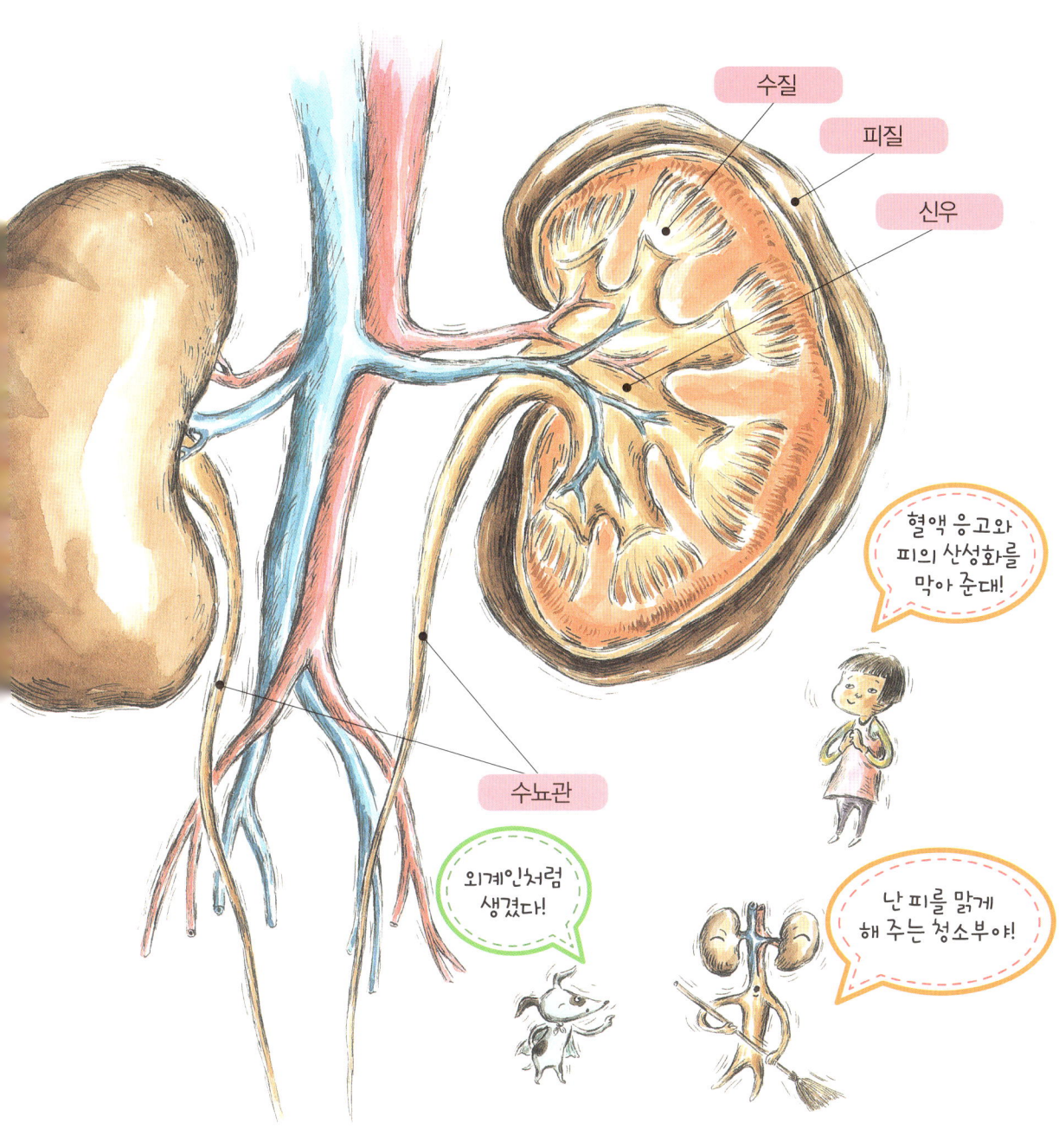

몸을 깨끗하게 만드는 곳

내가 학생들을 가르치는 수업 시간에 버릇처럼 하는 말이 있습니다.

"수업 중에 삼투압 조절하러 가는 건 아무 문제가 안 되니까 조용히 다녀와요."

오줌이 마려우면 언제든지 화장실에 다녀오라는 뜻이에요.

그럼 '삼투압'이란 무슨 말일까요? 삼투압이란 몸속을 흐르는 피가 짙은지, 묽은지를 이야기할 때 쓰는 말입니다. 우리 몸은 알면 알수록 신비로워서 몸속을 흐르는 피도 너무 짙거나 묽게 되지 않도록 되어 있거든요. 우리 몸이 하는 그런 일을 좀 어려운 말로 '항상성'이라고 합니다. 늘 알맞게 되도록 한다는 뜻이지요. 예를 들어 물 한 방울을 생각해 보세요. 물방울 하나도 언제나 같은 모양과 크기가 되려고 하잖아요.

화장실에 오줌 누러 간다는 것은 분명히 항상성과 관련이 있답니다. 여러분도 늘 뭔가를 먹고, 마시고, 또 화장실에 들락거리니까 한번 생각해 보세요. 물을 많이 먹으면 화장실에도 자주 가게 됩니다. 물을 많이 먹으면 피가 묽어지니까 그 상태에서 벗어나기 위해 필요 없는 수분은 오줌으로 만들어 버리기 때문입니다. 반대로 운동을 해서 땀을 흘리면 핏속에 수분이 줄어들

오줌이 가득 찬 방광

물이 부족한 방광

어 피가 짙어져서 오줌도 줄어들어요.

이렇게 오줌량을 늘이고 줄이는 일을 하는 곳이 바로 콩팥이랍니다. 다른 말로 '신장'이라고도 하지요.

콩팥은 그 모양이 누에콩을 닮았다고 해서 붙은 이름입니다. 사람의 작은 주먹만 해요. 등뼈 양쪽에 하나씩 2개가 있는데, 오른쪽 것이 조금 아래로 내려앉아 있는 데다가 좀 작습니다. 우리의 눈알 크기와 팔다리 길이, 그리고 허파 모양도 오른쪽과 왼쪽이 조금씩 차이가 나는 것처럼 콩팥도 그렇지요.

그리고 콩팥은 무게가 140g쯤 됩니다. 달걀 하나가 60g이니까 달걀 2개 반을 더한 무게가 될 거예요. 길이는 10~12cm 정도인데, 사람마다 그 무게와 크기가 조금씩 다르답니다.

우리 몸의 피는 온몸 구석구석 안 가는 데가 없다고 했습니다. 그럼 하루 동안 콩팥을 지나는 피의 양은 과연 얼마나 될까요? 믿기 어렵겠지만, 무려 1t(톤)이 넘는다고 합니다. 뿐만 아니라 심장이 내보낸 피의 20% 정도가 콩팥을 지난다고 하지요.

또 피는 온몸을 돌아다니다가 콩팥을 지나면서 핏속에 섞인 물과 물에 녹아 있는 찌꺼기를 버리게 됩니다. 한마디로 말해서 콩팥은 강물을 모아 깨끗하게 만드는 정수장과 같은 일을 한다고 보면 되지요. 그럼 그 찌꺼기란 무엇일까요? 바로 오줌입니다. 콩팥에서 걸러 낸 오줌은 기다란 관을 타고 내려가서 방광에 고였다가 요도를 타고 몸 밖으로 나가게 됩니다.

오줌에서 왜 시큼한 냄새가 나는지 여러분은 이제 알고 있지요? 오줌에 들어 있는 찌꺼기에는 지린내가 나는 요소가 많기 때문이잖아요. 앞에서 간 이야기 할 때 나온 것 기억하지요? 요소는 간에서 단백질을 분해할 때 생긴다고 했고, 고기를 많이 먹은 사람에게서 더 많이 나온다고 했습니다.

자, 그럼 콩팥이 하는 일을 더 자세히 알아봅시다.

 ## 오줌 공장이 무려 200만 개!

콩팥에는 오줌을 만드는 작은 공장(신소체)이 자그마치 200만 개나 있다고 합니다. 콩팥이 2개니까 한쪽에 100만 개씩 있는 거예요. 200만 개나 되는 공장에서는 모두 오줌을 걸러 내는 일을 하고 있습니다. 콩팥은 하루에만 무려 180ℓ나 되는 피를 걸러 내는데, 그중에서 영양가 있는 99%는 다시 핏속으로 돌려보내고, 나머지 1%만 오줌으로 내보낸답니다. 콩팥은 늘 정신을 바짝 차리지 않으면 큰일 날 거예요. 잘못하면 몸에 꼭 필요한 영양분을 버릴 수도 있으니까요.

우리는 오줌이 마려우면 아무 생각 없이 누고 말지만, 콩팥은 오줌 거르는 일에 힘을 많이 쓰고 있습니다. 아무튼 몸에 필요한 것은 반드시 재활용해서 쓰고, 필요 없는 것만 아래로 내려보내는 거지요.

여기서 재미있는 낙타 이야기를 하나 할게요. 무더운 사막에서는 물이 없으면 도저히 살 수 없습니다. 그럼 오랫동안 물을 마시지 못하는 낙타는 어떻게 몸에 필요한 물을 알맞게 갖고 있을까요? 낙타는 몸 밖으로 내보내는 오줌이 아주 적은 데다가 색깔도 매우 진하답니다. 낙타는 오랫동안 물을 못 마시면 등에 불룩 솟은 곳에서 물을 받는대요.

여러분은 낙타 등에 솟은 그것을 뭐라고 생각했나요? 혹시 혹이라고 생각하진 않았나요? 아니면 물통이라고 생각했나요? 그건 물통이 아니고 지방, 그러니까 기름 덩어리랍니다. 기름 덩어리를 분해할 때 나오는 물을 낙타가 쓰는 거예요. 물이 거의 없는 사막에서 살아남으려면 입으로 마시는 물 대신에 몸이 스스로 물을 만들어야 했던 것이랍니다.

낙타처럼 사막에 사는 동물들의 콩팥은 단 한 방울의 물이라도 재활용해서 쓴답니다. 그래서 오줌으로 나가는 물을 팍 줄인 거지요. 사람도 몸에 필요한 99%를 콩팥에서 걸러 다시 돌려보내는 것처럼 말이에요. 낙타는 물까지도 거의 버리지 않고 다시 쓰고, 또다시 쓴답니다. 그렇게 해서 사막에서 살아남은 낙타도 대단하지만, 그 비밀을 밝혀 낸 과학자들의 끈기도 정말

알아줘야겠어요.

여러분, 건강하게 오래 살려면 물을 많이 먹으라고 합니다. 물을 많이 마시면 자연스럽게 오줌을 많이 누게 되잖아요. 그 말은 곧 콩팥에서 피에 섞인 찌꺼기를 빨리 거른다는 뜻이기도 합니다. 그러니 우리 몸속 피도 점점 맑아지겠지요.

아무 불평 없이 밤낮으로 오줌을 거르느라 애쓰는 콩팥인데, 그 고마움을 알아주지 않으면 콩팥이 섭섭해하겠지요? 인사 한번 할까요?

"고마워, 콩팥아!"

정자, 난자 이야기

이 세상에 똑같은 사람은 단 한 사람도 없습니다. 세상에서 '나'는 단 한 사람, 나뿐이거든요. 남자와 여자가 어떻게 다른지, 아기는 어떻게 해서 태어나는지 알게 되면 생명이 얼마나 귀하고 아름다운지 알게 될 것입니다. 그뿐일까요? 우리 몸에 얼마나 놀라운 비밀이 숨어 있는지도 잘 알게 될 거예요.

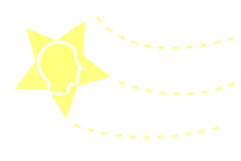

치열한 경쟁률이군. 우리 언니 대학 시험은 아무것도 아니야.

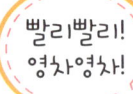

빨리빨리! 영차영차!

힘내라!

이 세상에 똑같은 사람은 없다

여러분이 태어나기 아홉 달쯤 전에 기적 같은 일이 일어났습니다. 4억 개가 넘는 아빠 세포 가운데 딱 1개가 엄마 세포를 만났거든요. 세포 2개는 한 몸이 되어서 마침내 아기 씨가 되었습니다. 그리고 280일 동안 엄마 배 속에서 조금씩 자랐어요. 엄마와 아빠가 들려주는 노래도 듣고 재미난 이야기도 들으면서요. 그러던 어느 날, "응애!" 하고 울음을 터뜨리며 태어난 것입니다.

여러분들 모두 그렇게 태어났습니다. 지구에 사는 약 77억 명 모두 마찬가지랍니다. 하지만 그 많은 사람들 가운데 똑같은 사람은 단 한 사람도 없어요. 이 세상에 '나'는 단 한 사람, 나뿐이거든요. 남자와 여자가 어떻게 다른지, 아기는 어떻게 해서 태어나는지를 알게 되면 생명이 얼마나 귀한지 알게 될 것입니다. 그뿐일까요? 우리 몸에 얼마나 놀라운 비밀이 숨어 있는지도 알게 되지요.

옛날에는 아기가 어떻게 태어나는지 사람들은 잘 몰랐답니다. 연구하는 과학자들마다 생각이 달랐대요. 어떤 과학자는 아기를 만드는 엄마 세포, '난자'에 꼬마 생명체가 들어 있어서 그것이 자라 사람이 된다고 그랬답니다.

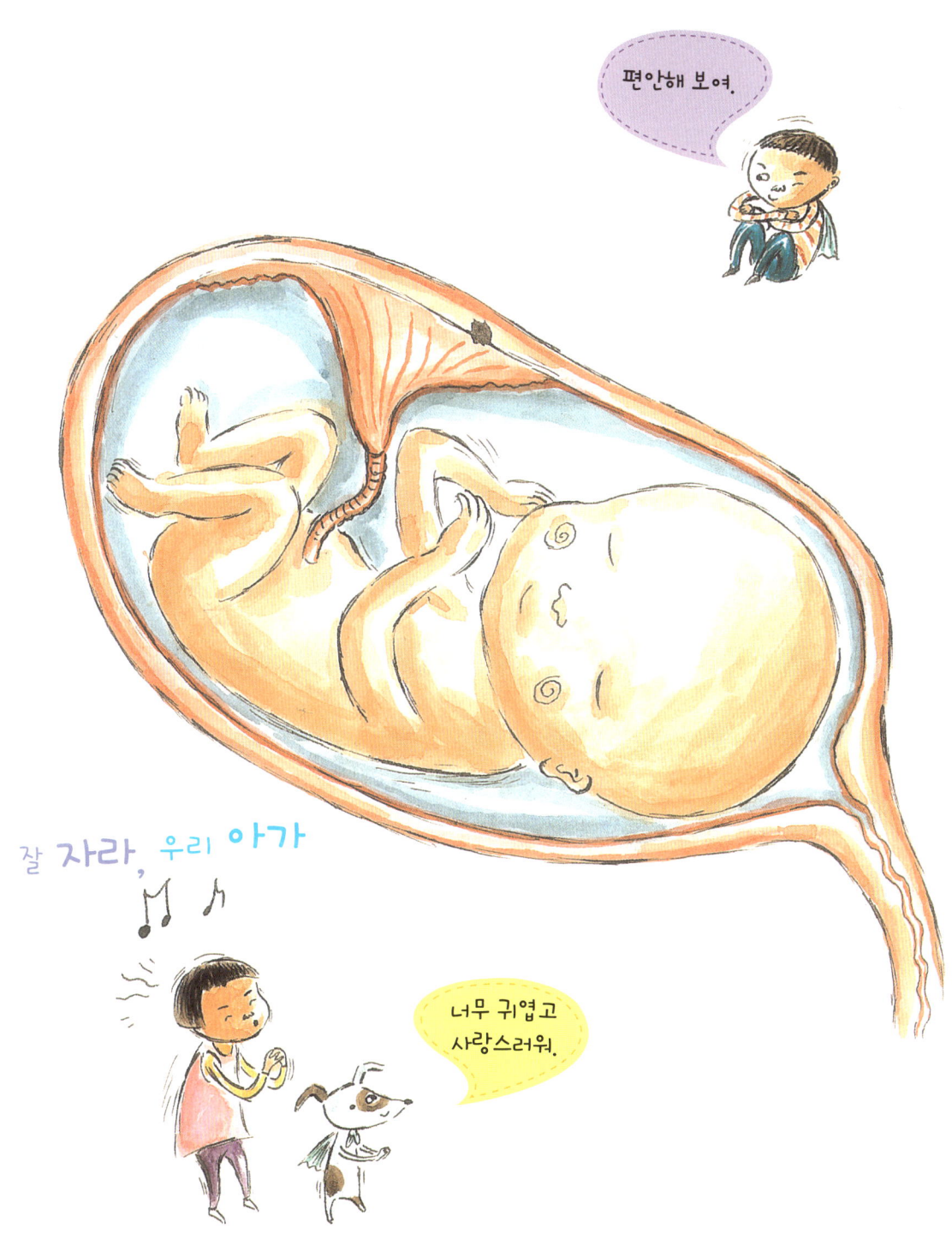

또 어떤 과학자는 아기를 만드는 아빠 세포, '정자'에 꼬마 인간이 들어 있어서 그것이 자라 아기가 된다고 주장했대요. 좀 우습지요? 하지만 얼마 못 가서 다 틀렸다는 게 드러났습니다. 아기는 반드시 난자와 정자가 만나야 생긴다는 사실을 과학적으로 밝혀 냈으니까요.

엄마 세포 1개와 아빠 세포 1개가 만나면 아주 특별한 세포 하나가 생긴답니다. 그 세포 속에는 '나'에 대한 온갖 비밀이 담겨 있어요. '염색체'라고 하는 곳에 내 비밀이 암호처럼 들어가 있거든요. 머리카락은 무슨 색인지, 키는 얼마나 크는지, 손가락이 짧은지 긴지까지 세포 속 염색체는 다 알고 있는 것입니다.

아주 특별한 세포 1개는 2개가 되고, 4개가 되고, 1,000개가 넘었다가 금세 수백만 개로 많아집니다. 많아진 세포들은 모두들 생긴 모양도 다르고 하는 일도 다르지요. 뼈도 만들고, 피부도 만들고, 손톱도 만들고, 머리카락도 만들면서 바쁘게 일을 합니다. 조금씩 조금씩 '내'가 만들어지고 있는 거예요.

그렇게 우리는 이 세상에 태어났답니다. 280일 동안 엄마 배 속 '아기집'에서 자라서지요. 엄마는 탯줄을 통해서 아기에게 꼭 필요한 것들을 전해 줍니다. 아기가 잘 자랄 수 있도록 산소도 넣어 주고, 영양분도 넣어 줍니다.

올챙이처럼 움직이는 정자

자, 그럼 아기를 만드는 아빠 세포, '정자'에 대해 이야기해 볼까요?

'나'를 만들어 준 아빠 세포, 정자는 아주 간단해서 머리와 꼬리로만 되어 있답니다. 올챙이처럼 꼬리를 흔들어서 앞으로 나아갈 수 있어요. 머리 속에 있는 '핵'에 '나에 대한 비밀'이 든 염색체 23개를 넣고 꼬리를 부지런히 흔들면서 난자를 찾아갑니다. 난자는 정자처럼 움직이지 않고 가만히 제자리에서 기다리고 있거든요.

수억 개나 되는 정자 가운데 단 1개만 난자 속으로 들어갈 수 있다고 했지요? 가장 튼튼한 친구를 고르고 골라서 난자는 문을 열어 줍니다. 정자 하나가 들어가면 문은 더 이상 열리지 않고 꼭 닫히지요. 난자 속으로 들어갈 때 정자는 꼬리를 똑 떼고 머리만 쏙 들어간답니다.

그럼 정자를 만드는 집은 어디일까요? 정자는 남자에게만 있는 '고환'에서 만들어집니다. 사춘기가 되면 남자는 정자를 만들 수 있게 되지요. 고환에서는 날마다 수억 개나 되는 정자를 만들어 낸대요.

고환(불알)은 아주 예민한 온도계랍니다. 남자 어린이라면 잘 알 거예요. 더우면 축 늘어지고 추우면 바싹 오그라들잖아요. 왜 그럴까요? 고환은 온

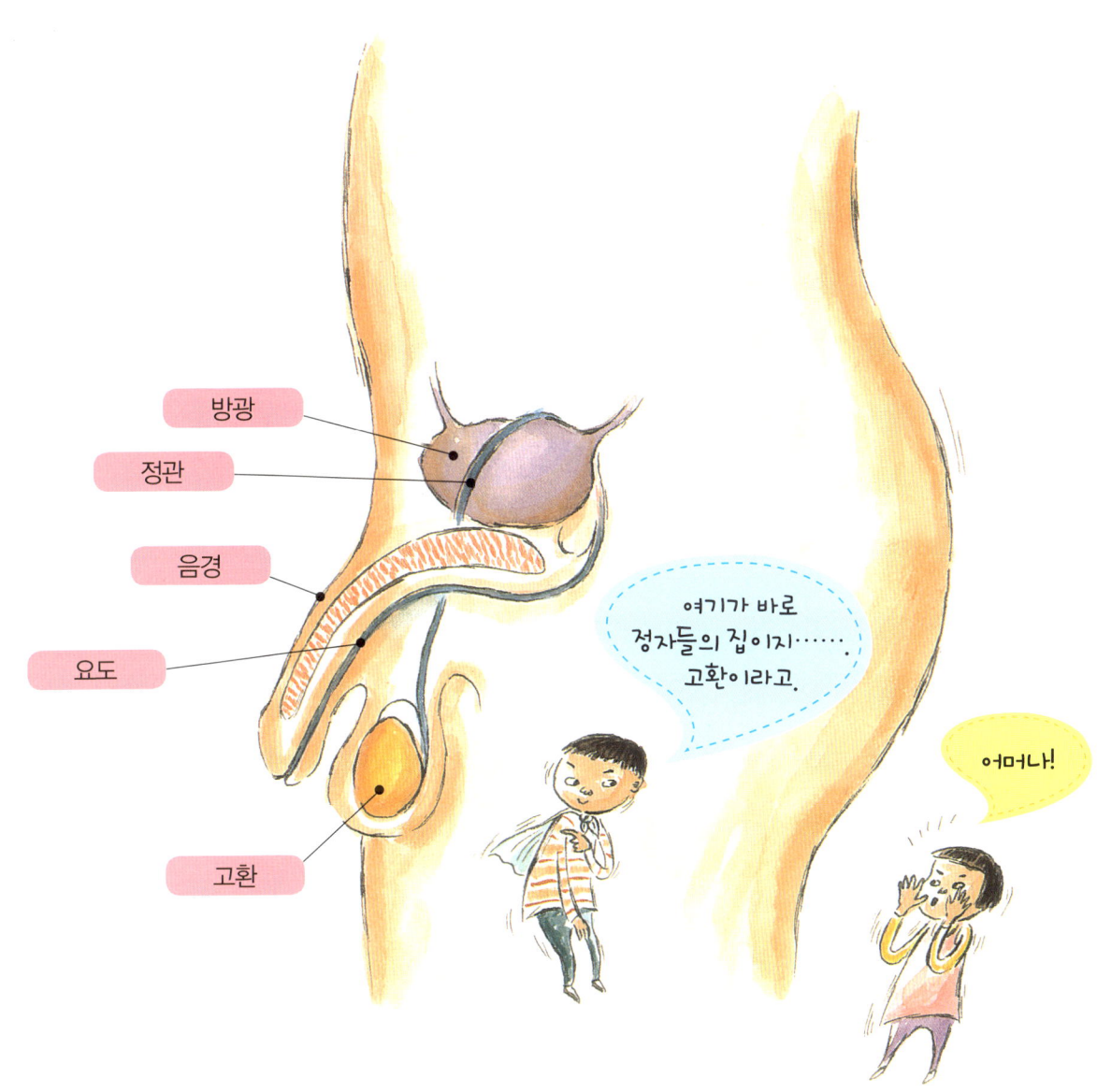

도가 체온보다 3~5℃ 정도 낮아야 한답니다. 그래야 건강한 정자를 만들 수 있거든요. 고환이 체온처럼 36.5℃가 되면 정자가 살지 못하니까 그래요. 그래서 더울 땐 온도를 낮추느라 땀을 내고 축 늘어져 있는 것이랍니다.

 옛 어른들은 어린 남자 아이들에게 밑이 터진 '짜개바지'를 입혔습니다. 몸에 딱 붙는 옷을 고환이 싫어한다는 걸 잘 알았기 때문이지요. 얼마나 중요한 곳인지 잘 알겠지요?

남자 어린이도 사춘기가 되면 정자를 만들 수 있는데, 정자를 만들 수 있다는 것은 아기를 낳을 수 있다는 뜻도 됩니다. 그때가 되면 남자는 몸이 변하기 시작합니다. 목소리도 걸걸해지고 턱에 수염이 나고 그래요. 뼈도 튼튼해지기 시작해서 어깨도 떡 벌어집니다. 이것들은 모두 고환에서 만들어져 나오는 '남성 호르몬' 때문이에요.

남성 호르몬이란 남자를 남자답게 만드는 물질입니다. 그럼 남자에게 고환이 없다면 어떻게 될까요? 텔레비전 역사 드라마에 나오는 '내시'를 생각해 보세요. 이들에게는 고환이 없기 때문에 남자 구실을 하지 못한답니다. 코밑이나 턱에도 수염이 안 나요.

비밀로 가득한 곳, 난자

다음에는 '나'를 만들어 준 엄마 세포, 난자에 대해 이야기할게요.

엄마 세포 난자는 배 속에 있는 '난소'라는 데서 만들어진답니다. 난소는 배꼽 양옆에 2개가 있어요. 길이는 약 5cm, 두께는 1.5cm, 너비가 3cm쯤 되고, 무게는 약 7g 정도 된답니다.

난자는 한 달에 딱 1개만 만들어져요. 정자와 다르지요? 이달에 한쪽 난소에서 난자가 만들어지면 다음 달에는 다른 쪽 난소에서 1개가 만들어진답니다. 그럼 달마다 1개씩 생기는 난자는 어떻게 될까요? 난소 속에 계속 쌓이는 걸까요?

그건 아니랍니다. 정자를 만나지 못한 난자는 한 달에 한 번씩 엄마 몸 밖으로 나오게 되지요. 좀 어려운 말로 '생리'라고 해요. 엄마가 생리(달거리)를 시작해서 14일쯤 지나면 다시 난소에서 새 난자가 만들어져 나오는데, 이를 '배란'이라고 한답니다. 좀 복잡한가요?

아무튼 엄마가 만드는 난자는 아주 귀하신 몸입니다. 아빠 세포 정자가 한 번에 4억 마리 넘게 나오는 것에 비하면 말이에요. 평생 엄마가 만들 수 있는 난자 수는 겨우 450개 정도밖에 되지 않는대요. 그리고 아빠 세포는 현미경으로 봐야만 보이지만, 난자는 길이가 0.1mm 정도여서 우리 눈으로 보일 둥 말 둥 한 크기랍니다.

여자 아기는 태어나면서부터 난소에 아기를 만들 난자를 가지고 태어난다면 믿을 수 있을까요? 하지만 사실이랍니다. 약 40만 개나 되는 아기 난자가 이미 난소에 들어 있어요. 그래서 사춘기가 되어 생리를 시작할 무렵이 되면 그중 하나가 성숙해서 배란하기 시작하는 것이랍니다.

난자 속에 비밀이 얼마나 많은지 책 한 권을 다 써도 모자랄 거예요. 그만큼 난자는 아주 특별한 세포랍니다. 빨리 읽으려 들지 말고 천천히 읽으세

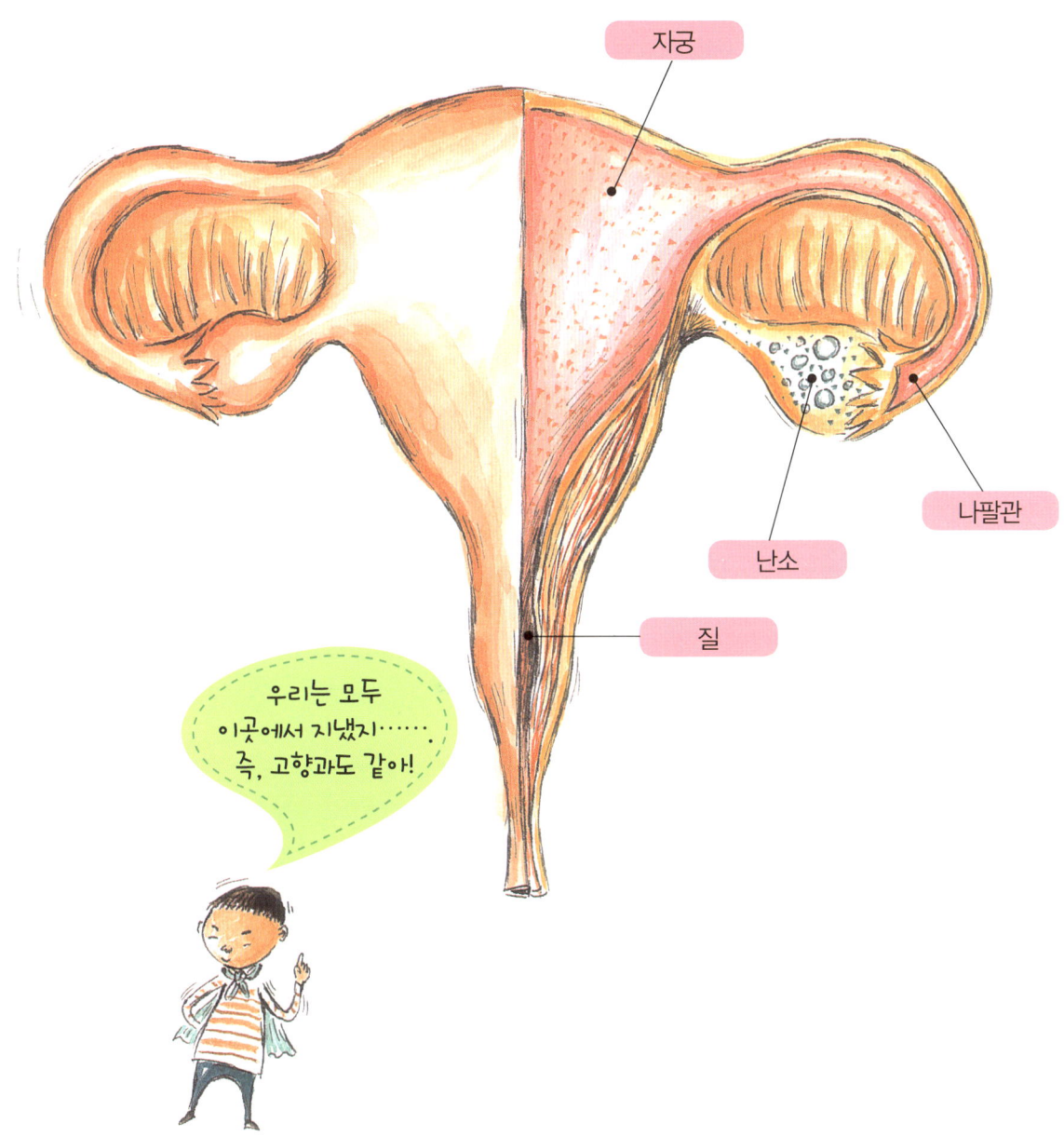

요. 난자도 하나의 세포니까 그 안에 '핵'이 있겠지요? 정자와 마찬가지로 핵 안에는 '나에 대한 비밀'이 든 염색체 23개가 들어 있답니다.

하지만 정자와 난자는 많이 달라요. 정자는 머리에 '핵'만 있는 세포지만, 난자는 정자와 달리 세포막과 세포질을 다 갖고 있는 정상 세포거든요.

엄마 세포, 난자　　　　　아빠 세포, 정자

좀 어렵나요? 모든 세포는 그 안에 핵이 있고, 핵을 뺀 나머지 부분을 뜻하는 세포질이 있답니다. 그리고 세포를 둘러싸고 있는 막이 있지요. 이 세 가지를 모두 가진 세포가 정상 세포예요. 하지만 아빠 세포인 정자는 머리와 꼬리만 있고, 머리 안에도 핵만 들어 있습니다. 비정상 세포인 셈이지요.

자, 여러분이 어떻게 해서 태어나게 되었는지 비밀이 밝혀지고 있어요. 보세요. 엄마 배 안에 있는 난소에서 난자가 생겨 배란을 했습니다. 그리고 4억 개가 넘는 정자 중에서 건강한 정자 100여 마리가 멀고 먼 여행을 하여 난소가 있는 곳까지 헤엄쳐 갔어요. 드디어 100여 마리 중에서 제일 튼튼하고 건강한 친구를 골라서 난자는 문을 열어 주었습니다. 그러고는 문을 꼭 닫았지요. 이제 아무도 난자 속으로 들어오지 못하는 것입니다. 드디어 엄마 세포 하나, 그리고 아빠 세포 하나가 만나서 '나'를 만들기 시작한 것이지요.

정자는 머리와 꼬리만 있다고 했습니다. 세포막도 없고, 세포질도 없다고 했어요. 그렇게 머리 안의 핵에다 염색체 23개만 넣고 정자는 난자 안으로 들어가는 것입니다. 꼬리는 난자가 있는 곳까지만 데려다 주고, 정자가 난자 속으로 들어가는 순간 똑 떨어져 나갑니다. 결국 정자의 핵과 난자의 핵에 든 염색체 23개가 모여서 아기는 46개의 염색체를 갖게 됩니다.

이것을 바로 '수정'이라고 한답니다. 그런데 여기에 더 중요한 비밀이 숨어 있어요. 난자는 핵, 세포막, 세포질이 모두 있는 정상 세포이고, 정자는 핵

속에 염색체만 들어 있는 비정상 세포라고 했잖아요? 그럼 '나'를 만들어 준 세포막과 세포질은 전부 엄마에게 받은 것이겠지요?

다시 말하면 염색체를 빼고 세포막과 세포질에 들어 있는 것들은 아빠한테 받은 것이 아니라 모두 엄마에게 받은 것이라는 뜻입니다. 예를 들면 세포질에 들어 있는 '미토콘드리아'도 아빠 것이 아니라 엄마 것이에요.

미토콘드리아에 숨은 비밀

그럼 미토콘드리아란 무엇일까요? 우리 몸에서 무슨 일을 할까요?

모든 세포에는 미토콘드리아가 들어 있답니다. 보통 세포 하나에 여러 개가 들어 있는데, 간세포 하나에는 자그마치 2~3,000개나 들어 있대요. 우리 몸이 낼 수 있는 '힘'과 '열'은 모두 이 미토콘드리아에서 나온답니다. 그래서 '세포의 발전소, 세포의 난로'라는 별명이 붙은 거지요.

자, 다시 한번 물어볼게요. 내가 가진 세포의 세포막, 그리고 세포질 속에 들어 있는 미토콘드리아는 난자에게서 왔나요, 아니면 정자에게서 왔나요? 난자지요. 그러니까 내 몸을 이루는 세포는 염색체 23개만 빼면 죄다 엄마에게서 받은 것이랍니다. 엄마가 주는 사랑을 아무런 조건 없는 사랑이라고 하는 말 들어 보았지요? 혹시 그 사랑의 마음을 담고 있는 것이 난자 속 미토콘드리아가 아닐까요?

그래서 과학자들은 세포질 유전은 곧 '모계 유전'이라고 한답니다. 그럼 엄마는 세포막과 미토콘드리아를 누구에게서 받았을까요? 어머니의 어머니, 곧 외할머니에게서 몽땅 받았겠지요.

엄마의 사랑이 얼마나 크고 넓은지 여러분은 잘 알고 있습니다. 아프거나 슬퍼서 울 때면 우리는 누구보다 엄마를 먼저 찾잖아요. 앞으로 더 자라면 아마 엄마라는 말만 떠올려도 눈물이 나고 가슴이 두근거릴 것입니다. 벌써 할아버지가 된 나도 그렇거든요. 그런 엄마에게 인사 한번 해야지요.

"엄마, 고맙습니다. 사랑해요!"

여러분, 우리는 이렇게 기적 같은 일을 겪으면서 이 세상에 태어났답니다. 하지만 아직 밝히지 못한 것도 아주 많아요. 어린 과학자인 여러분이 앞으로 해야 할 일이 그만큼 많다는 뜻이에요. 먼 미래에 어려운 일을 해낸 여러분의 함성 소리가 들리는 듯합니다.